PRINCIPES

DE

LA LANGUE

FRANÇOISE,

Rédigés d'après les plus célèbres Grammairiens,

A L'USAGE

DES DEMOISELLES,

Par M. BAUCHAINT, Maître de Mathématiques, à S. Malo.

Se vend CHEZ L'AUTEUR.

A PARIS, } Chez { GUILLOT, Lib. de Monsieur, rue S. Jacques.
A S. MALO, } Chez { L. H. HOVIUS, fils, Lib.
A RENNES, } { E. G. BLOUET, Lib. rue Royale, aux beaux Arts.

M. DCC. LXXXIX.

AVEC PRIVILÉGE DU ROI.

PRINCIPES

DE
LA LANGUE
FRANÇOISE,

Rédigés d'après les plus célèbres
Grammairiens,

A L'USAGE

DES DEMOISELLES,

Par M. BEAUCHAINT, Maître
de Mathématiques, à S. Malo.

A SAINT-MALO,

AUX DÉPENS DE L'AUTEUR.

M. DCC. LXXXVIII.

AVEC APPROBATION.

NÉCESSITÉ

D'enseigner la Grammaire aux Enfants.

LA Grammaire doit être enseignée aux Enfants, dès qu'ils en seront capables : & ils le font, pour l'ordinaire, de bonne heure. Il eſt honteux que nous négligions notre propre langue ; nous avouerons preſque tous, que nous ne l'avons jamais bien étudiée.

Les Romains nous ont appris, par la grande application qu'ils donnoient à l'étude de leur langue, ce

A 2

que nous devions faire , pour nous inftruire de la nôtre. Chez eux, les Enfants, dès le berceau, étoient formés à la pureté du langage : ce foin étoit regardé comme le premier, après celui des mœurs. Il étoit particuliérement recommandé aux meres, même aux nourrices & aux domefti- ques. On les avertiffoit de veiller, autant qu'il étoit poffible, à ce qu'il ne leur échappât jamais d'expreffions vicieufes en préfence des Enfants, de peur que ces premieres impreffions ne devinffent, en eux, une feconde nature, qu'il feroit impoffible de changer dans la fuite.

Il s'en faut bien, que nous appor- tions les mêmes foins, pour nous perfectionner dans notre langue : il y a très-peu de perfonnes qui la fachent par principes. On croit que l'ufage feul peut fuffire pour s'y rendre habile. Il eft rare que l'on s'applique à en approfondir le génie & à en étudier toute la délicateffe : fouvent on ignore les plus communes regles ; ce qui paroît quelquefois dans les lettres mêmes, des plus habiles gens : un défaut fi ordinaire, vient fans doute d'une éducation négligée.

Pour le prévenir, il eft abfolument néceffaire d'infinuer aux Enfants, dès l'âge le plus tendre, les premiers principes de la langue françoife. Je ne m'arrêterai point ici aux réflexions que l'on peut faire fur cette étude pour les Enfants : la prudence du maître peut feule, dans l'âge dont il s'agit, en régler le temps & la maniere. Il prendra, dans une Grammaire, ce qu'il jugera néceſſaire aux Enfants, & le plus à leur portée, réſervant pour un autre temps, ce qui lui paroîtra trop abſtrait & trop difficile ; car il eſt à ſouhaiter que l'on continue cette étude pendant toute leur jeuneſſe.

Les Enfants, que l'on deſtine à la langue latine, l'entendront plus facilement, s'ils ont étudié leur langue maternelle ; car les principes des langues ſont communs en bien des choſes ; ainſi certainement, l'étude de l'une facilitera l'étude de l'autre.

L'Ecriture doit ſuivre de près la lecture, mais à cet âge, on ne doit pas s'embarraſſer de la beauté des caracteres, pourvu qu'un Enfant ait la main légere, il n'en faut pas davantage : il y a même lieu de croire, que quand, dès-lors, un Enfant peint fort bien, ce qui ne fe peut faire que par une application lente & froide, ce n'eft pas une bonne marque pour l'efprit ; il vaut mieux voir, dans les Enfants, du feu & de la vivacité, qui ne leur permettent pas de s'aftreindre fcrupuleufement à l'exactitude des régles ; ainfi il fuffit qu'un Enfant écrive lifiblement ; quand il aura 14 ou 15 ans, il en fera plus en 4 mois, pour ia beauté de la main, quil n'en auroit fait dans quatre années confécutives, dans l'âge dont il eft queftion.

QUINTILLIEN, en homme fenfé, & qui veut que l'on mette tout à profit, dans l'éducation des jeunes gens, recommande fortement aux maîtres d'écriture, de ne leur point donner à copier des exemples, dont les mots feroient mis au hafard & dépourvus de fens, mais qu'ils renferment quelques maximes utiles & qui portent à la vertu ; car, ajoute-t-il, ce que l'on apprend dans fes tendres années, fe grave profondément dans la mémoire, nous fuit dans la vieilleffe, & influe fur toutes les actions de la vie.

En même temps que l'on occupera les Enfants aux exercices précédents, on leur fera apprendre par cœur, quelques fables de la Fontaine, en choififfant d'abord les plus courtes & les plus agréables ; on aura foin de leur expliquer clairement & briévement, tous les termes qu'ils n'entendront pas, on les leur fera répéter de mémoire, en les accoutumant à

en faire, d'eux-mêmes, un récit simple
& naturel : on ne sauroit croire
combien cette pratique est utile à un
Enfant, dans la suite, pour les lui
faciliter. Je n'ai pas besoin d'avertir,
qu'il faut commencer par exposer,
aux yeux de l'Enfant, l'image qui est
à la tête de la fable, & qui en renferme le sujet, en la lui faisant bien
comprendre : rien ne sera plus di-
vertissant pour lui.

Quand il aura appris correctement
une fable, par cœur, & qu'il la
saura parfaitement, on lui apprendra
à la déclamer, l'accompagnant du
ton & du geste convenable à la
matiere.

Le Maître pourra consulter les
régles de la prononciation, pour
l'accoutumer de bonne heure à ex-

primer comme il faut les voyelles &
les confonnes ; à en faire fentir la
force ; à appuyer fur celles qui de-
mandent qu'on s'y arrête ; à ne point
manger certaines fyllabes, fur-tout,
les finales ; à faire certains repos,
felon les différences de la prononciation ; en un mot, à prononcer avec
grâce, clarté & jufteffe. On doit être
attentif à leur faire prendre le ton
naturel, & à leur faire éviter une
forte de glapiffement ordinaire aux
Enfants, qui les fuit jufque dans un
âge plus avancé , & quelquefois
jufqu'à la vieilleffe.

PRINCIPES

DE

LA LANGUE

FRANÇOISE.

Notions préliminaires & essentielles.

LA Grammaire eſt une ſcience qui enſeigne les regles que l'on doit ſuivre pour bien parler, & pour ſe ſervir, en écrivant, de toutes les lettres & de toutes les figures qui ſont preſcrites par l'uſage.

On ſe ſert ordinairement de mots,

pour exprimer ce que l'on conçoit ; par exemple , fi je conçois un *arbre* , une *maifon* , &c… je ferai connoître ce que j'ai conçu , en prononçant ces mots, *arbre* & *maifon* , &c. Ainfi les mots font les fignes de ce qui fe repréfente à notre efprit (*a*), & cette repréfentation eft ce que l'on nomme idée (*b*).

Les lettres font des caracteres qui ont été inventés pour exprimer les fons purs de la voix & pour les modifier (*c*) : d'où il fuit, qu'il y a deux fortes de lettres, des Voyelles & des Confonnes.

Les Voyelles fervent à exprimer les fons purs de la voix. Il y en a cinq, qui font :

a   e   i   o   u.

(*a*) L'ame confidérée comme ayant la faculté de penfer.

(*b*) Impreffion que fait un objet quelconque fur notre efprit.

(*c*) Changer la maniere d'être d'une chofe.

Les Confonnes fervent à modifier les Voyelles ; on en compte dix-neuf : les voici, avec la maniere de les prononcer fuivant la dénomination moderne.

B *ou* be.	N *ou* ne.
C *ou* ce *ou* que.	P *ou* pe.
D *ou* de.	Q *ou* que.
F *ou* feu.	R *ou* re.
G *ou* je *ou* gue.	S *ou* fe *ou* ze.
H *ou* he.	T *ou* te *ou* ci.
J *ou* ge.	V *ou* ve.
K *ou* que.	X *ou* kce.
L *ou* le.	Z *ou* ze.
M *ou* me.	

Ces dernieres font nommées Confonnes, parce qu'elles ne peuvent fe prononcer que quand elles font jointes à des Voyelles.

Les mots font compofés de Lettres & de Syllabes.

Une Syllabe eſt l'expreſſion d'un ſon ; elle ſe repréſente avec une ou pluſieurs lettres : ainſi, dans le mot *avenir*, il y a trois Syllabes, qui ſont, *a-ve-nir.*

Un mot qui n'eſt compoſé que d'une Syllabe, eſt nommé *Monoſyllabe :* ainſi, *Dieu voit tout ce qui eſt dans nos cœurs,* tous ces mots ſont des Monoſyllabes.

On diſtingue trois ſortes d'*e ;* l'*e* muet, qui ſe prononce *eu,* comme dans *table, homme, plume,* &c.

L'*e* ouvert, qui ſe prononce *es,* comme dans *tête, honnête, être, fenêtre, même, diadême,* &c.

L'*e* fermé, qui ſe prononce *et,* comme dans *bonté, charité, pénétré, témérité, vérité,* &c.

Ces trois ſortes d'*e,* ſe trouvent quelquefois dans un même mot ; comme dans *netteté, fermeté, honnêteté,* &c.

Il y a auſſi trois ſortes d'accents ; l'accent aigu, qui ſe forme de droite à gauche (é) ; l'accent grave, qui ſe forme

de gauche à droite (è), & l'accent circonflexe, qui eſt formé des deux joints
enſemble (ê).

Le premier de ces accents ſe met ſur
tous les *e* fermés ; le ſecond ſur tous les
e ouverts, quand ils ſe trouvent à la fin
d'un mot, ſuivi d'une *s* ; comme dans
accès, très, progrès, près, procès, &c.
Le troiſieme ſe met ſur toutes les voyelles
longues, c'eſt-à-dire, ſur celles que l'on
prononce plus lentement ; celles qui ne
ſont pas longues, ſont nommées breves.

EXEMPLES.

A eſt long dans *tâche, lâche, mâtin,
    pâte,* &c. & il eſt bref dans *tache,
    matin, patte,* &c.

E eſt long dans *tête, même, être,* &c.
    & il eſt bref dans *cadet, bidet,
    ſujet,* &c.

I eſt long dans *dîner vîte,* &c. & il
    eſt bref dans *crier, prier, affli-
    ger,* &c.

O   eſt long dans *côte*, *trône*, *aumône*, &c.
     & il eſt bref dans *motte*, *dévote*, &c.

U   eſt long dans *déluge*, *flûte*, &c. & il
     eſt bref dans *butte*, *du pain*, &c.

AI   eſt long dans *maître*, *naître*, &c.
     & il eſt bref dans *parfaite*, &c.

OI   eſt long dans *paroître*, *connoître*, &c.
     & il eſt bref dans *foible*, *affoi-*
     bli, &c.

EU   eſt long dans *jeûne* (*abſtinence*), &c.
     & il eſt bref dans un *jeune hom-*
     me, &c.

IN   eſt long dans, vous me *retintes* à
     ſouper, &c. & il eſt bref dans
     lingot, &c.

ON   eſt long dans *honte*, &c. & il eſt
     bref dans *démon*, &c.

Outre les Voyelles longues, breves &
ſimples, on en diſtingue encore d'autres,
qui ſont les compoſées & les naſales.

Les Voyelles compoſées, ſont deux ou
trois voyelles ſimples, leſquelles jointes
ensemble,

enfemble, expriment un fon fimple, &
qui ne doivent être regardées que comme
une feule voyelle.

EXEMPLES.

a
kA   qui a le fon de l'*a* dans
          quelques mots, il *mangea*,
          il *fongea*, que l'on pro-
          nonce, *il manja*, *fonja*.

é
AI   qui a le fon de l'e fermé,
          dans *chantai*, *lirai*, que
          l'on prononce comme s'il
          y avoit *chanté*, *liré*, &c.

ê
AI, EI, OI qui ont le fon de l'e ouvert,
          dans *maître*, *foible*, *féi-*
          gneur, que l'on prononce,
          mètre, *fesble*, *ségneur*.

o
AU, EAU, EO qui ont le fon de l'o dans
          les mots, *auteur*. *fufeau*,
          geolier, que l'on pronon-
          ce, *oteur*, *fufo*, *jolier*, &c.

u
EU   qui a le son de l'*u* dans,
          le monde a *eu* un com-
          mencement, que l'on pro-
          nonce, le monde a *u* un
          commencent, &c.

Les Voyelles nasales sont des voyelles simples ou composées, suivies d'une *m*, ou d'une *n*, en formant une syllabe.

EXEMPLES.

Comme dans,

antique,   jean, lampe,   entier, empire.
  an   ean   am   en   em.

fin,   impie, ainsi,   faim.
 in   im   ain   aim.

bon,   ombre, pigeon.
 on   om   eon.

aucun, à jeûn, parfum.
 un   eun   um.

Une Diphthongue (*a*) eft un affemblage de deux ou de trois voyelles, qui fe prononcent en une feule fyllabe, & qui expriment un fon double : il y a trois fortes de Diphthongues ; des fimples, des compofées & des nafales.

Une Diphthongue fimple eft celle qui fe forme par la jonction d'une voyelle fimple avec une voyelle fimple. Il y en a fept ; favoir : comme dans

liard, piece, fiole, écuelle, boire, poëte, lui.
ia   ie   io   ue   oi   oe   ui.

Les compofées font celles qui fe forment par la jonction d'une voyelle fimple avec une voyelle compofée. Il y en a fix ; favoir : comme dans

couette, miauler, lieu, chiourme, louis, liaifon.
oue   iau   ieu   iou   oui   iai.

Les Diphthongues nafales, font celles

(*a*) Mot grec, qui fignifie fonner deux fois.

qui se forment par la jonction d'une voyelle simple ou composée, avec une voyelle nasale. Il y en a six ; savoir : comme dans

viande, lion, foin, babouin.
ian   ion   oin   ouin.

IENT, avec le son d'*iant*, comme dans *patient*, inconvénient.

UIN, comme dans *Quin*quagésime, *Quin*quagénaire.

EXEMPLES.

Le Magister se tournant à ses cris,
D'un ton fort grave, à contre-temps s'avise
De le tancer. Ah, le petit babouin !
Voyez, dit-il, où l'a mis sa sottise !
Et puis prenez de tels fripons le soin !
Que les parents sont malheureux, qu'il faille
Toujours veiller à semblable canaille !
Qu'ils *ont* de *maux* ! & que je plains leur sort !...

On emploie toujours les Voyelles nasales

am, em, im, om, um,

avec une *m*, au lieu d'une *n*, quand dans le même mot, il doit suivre un *b*, ou un *p*, ou une *m*; comme dans *ambition*, *empire*, *imbiber*, *emmener*, *emphase*, *immaculer*.

La Voyelle nasale *om*, s'emploie dans *comte* ou *comtesse*, dignité, pour le distinguer de *compte*, supputation, & l'on écrit *conte*, histoire, pour le distinguer des deux autres mots ; comme dans cette phrase : Monsieur le *Comte*, après avoir récité un *conte*, nous a remis son *compte*.

PARTIES DU DISCOURS.

LES mots peuvent être confidérés comme des fons, ou comme étant les fignes de nos idées : on les nomme aufli parties du difcours, ou parties de l'oraifon.

On diftingue neuf fortes de mots qui fervent à exprimer nos penfées : qui font, le nom, l'article, le pronom, le verbe, l'adverbe, la prépofition, le participe, la conjonction & l'interjection : de forte que l'on ne fauroit prononcer un feul mot qui ne foit renfermé dans cette nomination.

PREMIERE PARTIE DU DISCOURS.

Du Nom.

LE nom eſt un mot qui ſert à nommer une perſonne & un objet, ou à les qualifier : on diſtingue deux ſortes de noms, le nom ſubſtantif & le nom adjectif.

Le nom ſubſtantif eſt un mot qui ſert à diſtinguer une perſonne d'une autre perſonne ; ou un objet d'un autre objet : comme, *Platon*, *Horace*, *plume*, *cornet*.

Ou bien, le nom ſubſtantif eſt un mot qui ſert à diſtinguer une perſonne ou un objet, indépendamment de ſes qualités, ou de ſes modifications.

Le nom adjectif eſt un mot qui ſert à qualifier ou à exprimer les modifications & les qualités des perſonnes, ou des objets ; comme, une *vaſte* mer. Un homme *aimable*. Une femme *raiſonnable*. Les mots

homme, *femme*, *mer*, font des noms fubftantifs ; & les autres mots , *vaſle*, *aimable*, *raiſonnable* , font des noms adjectifs, puiſqu'ils expriment les manieres
d'être, des fubftantifs *homme* , *femme* &
mer.

Du Genre.

LE Genre eft une maniere d'exprimer
par le difcours , fi la chofe dont on parle eft
mife dans la claffe des mâles, ou dans
celle des fémelles : il y a deux fortes de
genres, le Mafculin & le Féminin.

Un mot eft au Mafculin , quand on
peut mettre avant ce mot, *un* ou *le* ; ainfi,
cornet eft au Mafculin , parce que l'on
dit, *un cornet*, *le cornet*.

Un *pere* eft obligé de procurer une
bonne éducation à fon *fils* : les mots, *pere*
& *fils* font au Mafculin.

Un mot eft au Féminin , quand on
peut mettre avant ce mot, *la* ou *une* ;
ainfi,

ainſi, *maiſon* eſt au féminin, parce que l'on dit, *une maiſon, la maiſon.*

Une *mere* eſt obligée de veiller ſur la conduite de ſa *fille* : les mots, *mere* & *fille*, ſont au féminin. Il en eſt ainſi, en parlant des animaux.

» La Géniſſe, la Chevre & leur ſœur la Brebis,
» Avec un fier Lion, Seigneur du voiſinage.

Il y a dans le diſcours des mots, qui, à proprement parler, n'ont aucun Genre, qui cependant ſont du maſculin & du féminin. On dit également, *le pere, le livre, la mere, la plume.*

Les vers, dont la rime eſt terminée par un *e* muet ſuivi d'une *s*, ou par un *e* muet ſuivi des lettres *nt*, ou par un *e* muet ſimplement, ſont nommés féminins ; & ceux, dont la rime a une autre terminaiſon, ſont nommés maſculins.

EXEMPLES.

L'encens gâte plus de cervelles,
Que la poudre n'en fait ſauter.

Le premier de ces deux vers eſt féminin, & le ſecond eſt maſculin.

> Jupiter eut jadis une ferme à donner,
> Mercure en ſit l'annonce, & gens ſe préſen-
> terent.

Le premier vers eſt maſculin, & le
ſecond eſt féminin.

> L'Univers, en ſa préſence,
> Semble ſortir du néant;
> Il prend ſa courſe, il s'avance,
> Comme un ſuperbe géant.
> Bientôt ſa marche féconde
> Embraſſe le tour du monde:
> Dans le cercle qu'il décrit,
> Et, par ſa chaleur puiſſante,
> La Nature languiſſante,
> Se ranime & ſe nourrit.

Il eſt facile de diſtinguer les vers qui
ſont maſculins, de ceux qui ſont féminins.

Du Nombre.

ON entend, par nombre, une maniere d'exprimer par le difcours, fi l'on parle d'une feule chofe ou de plufieurs. Il y a deux fortes de nombres, le fingulier & le pluriel : ainfi, *un homme*, eft au fingulier mafculin. *Une femme*, eft au fingulier féminin. *Les femmes*, font au pluriel féminin. De même, quand je dis : *le fage eft heureux*, je parle d'un feul fage : cette maniere de s'exprimer, eft au fingulier mafculin. *La vertu eft aimable*, eft au fingulier féminin. *Les fages font heureux*, eft au pluriel mafculin. *Les manieres fimples & naturelles, font les plus agréables :* cette maniere de s'exprimer eft au pluriel féminin.

On dit toujours bien ce qu'on dit ,
Quand le cœur (*a*) fait parler l'efprit.

(*a*) L'ame confidérée comme ayant la faculté de fentir.

C 2

Le fens de cette phrafe eft au fingulier mafculin.

> Mortels , par vos fociétés ,
> On juge de ce que vous faites ;
> Dites-moi qui vous fréquentez ,
> Et je vous dirai qui vous êtes.

Cette expreffion eft au pluriel mafculin.

SECONDE PARTIE DU DISCOURS.

Des Articles.

LES Articles font des monofyllabes , qui fervent à faire connoître le genre & le nombre des noms fubftantifs. Les Articles qui fervent à faire connoître le fingulier mafculin , font,

le, du, au, un, ce *ou* cet.

Car on dit : *un* ange defcendu *du* Ciel. *Le* Ciel, monter *au* Ciel. *Cet* oifeau, *cet* ange, *cet* inconnu, *cet* homme, &c.

Les articles qui fervent à faire connoître le fingulier féminin, font,

la, à la, une, cette.

Car on dit : *la* femme, *à la* femme,
une femme, *cette* femme.

Les articles qui fervent à faire connoître
le pluriel des deux genres, font,

les, des, aux, ces.

Car on dit : *les* hommes, *les* femmes,
des hommes, *des* femmes, *aux* hommes,
aux femmes, *ces* hommes, *ces* femmes.

Ce, eft un article démonftratif.
Le, eft un article indicatif.
Un, eft un article énonciatif.

E X E M P L E S.

Ce jour où vous partîtes, au milieu des
applaudiffements du public, fut *le* jour
le plus heureux de votre vie : il fera pour
vous *un* jour à jamais mémorable.

Un, énonce ici l'idée d'un jour ; *ce*

met ce jour fous les yeux ; *le*, nous le fait diftinguer de tout autre.

Et quand je dis, *ce* livre, *cette* table, je montre ou j'indique une table, ou un livre.

L'article démonftratif *ce*, fe met au fingulier avant les noms fubftantifs mafculins qui commencent par une confonne, ou par une *h* afpirée : comme, *ce* monde, *ce* palais, *ce* héros, &c.

Et l'article démonftratif *cet*, fe met avant les noms fubftantifs finguliers mafculins, qui commencent par une voyelle, ou par une *h* non afpirée : comme, *cet* ange. *Cet* empire. *Cet* homme. *Cet* honneur. *Cet* inconnu, &c.

On met, après les noms fubftantifs, auxquels ces articles démonftratifs font jcints, les petits mots, *ci* & *là* pour indiquer des objets plus ou moins éloignés.

Ci, indique que l'objet eft proche ; comme, ce pays-*ci* ; *cet* homme-*ci*. *Là*, indique que l'objet eft éloigné : comme, ce pays - *là* ; *cet* homme - *là* , &c.

Les articles, *le* , *la* , *de* , s'écrivent de cette maniere, *l'* , *d'* apoftrophe, quand le mot fuivant commence par une voyelle, ou par une *h* non afpirée : ainfi, au lieu de dire ou d'écrire, *la ambition* , *le efprit* , une fomme *de argent* ; on écrit & l'on dit, *l'efprit* , *l'ambition* , une fomme *d'argent* ; *l'ame* , au lieu de *la ame* , &c.

De même, au lieu d'écrire & de dire, *le homme* , *la harmonie* , un homme *de honneur* , un livre *de hiftoire* , on dit & l'on écrit, *l'homme* , *l'harmonie* , un homme *d'honneur,* un livre *d'hiftoire.* Cette derniere maniere de s'exprimer rend le langage plus doux & plus agréable : c'eft une difficulté pour les étrangers qui commencent à parler le françois ; la contrariété des principes les gênent, fur-tout, s'ils ont étudié leur langue naturelle par principes.

Degrés de comparaison.

ON entend par degrés de comparaison, les différentes manieres d'exprimer les qualités des chofes avec plus ou moins d'étendue. On donne trois fortes de fignifications aux noms adjectifs, qui font le *pofitif*, le *comparatif* & le *fuperlatif*.

Un nom adjectif eft nommé *pofitif*, quand il exprime fimplement une qualité : comme *aimable*, *raifonnable*, *jufte*, *équitable*, *agréable*, &c.

On diftingue trois fortes de comparatifs, celui d'égalité, celui de défaut & d'excès. Le premier fe forme en mettant le mot *auffi* ou *autant*, devant un adjectif : Exemples. Vous êtes *auffi aimable*, ou *autant raifonnable*, que votre fœur.

Le fecond fe forme en mettant le mot *moins*, devant un adjectif : comme, vous êtes *moins* fage, *moins* attentive que votre fœur.

Le troifieme fe forme en mettant le mot *plus* devant un adjectif : comme, votre fœur eft *plus* inftruite que vous : ces deux derniers s'expriment auffi par ces mots, *meilleur*, *moindre* ou *pire*.

On diftingue deux fortes de fuperlatifs, le fuperlatif abfolu, & le fuperlatif relatif. Un nom adjectif eft au fuperlatif abfolu, quand il exprime une qualité dans fon plus haut degré, d'une maniere abfolue, & fans rapport à autre chofe : il fe forme en mettant le mot *trés*, ou *fort*, devant un adjectif : comme le temps eft *trés*-beau. La campagne eft *fort* belle.

Le fuperlatif relatif, eft celui qui forme le plus haut degré de qualité, avec un rapport de comparaifon à quelque chofe : il fe forme en mettant les articles *le*, *du*, *au*, *la*, *à la*, *de la*, *des*, *aux*, avant les comparatifs d'excès, ou de défaut ; car on dit : *le plus* bel homme, *du plus* bel homme, *au plus* bel homme ; *la plus* belle femme, *de la plus* belle femme, *à la plus* belle femme ; *aux plus* belles femmes, *aux plus* beaux hommes, &c.

L'homme vertueux eſt *le plus* heureux des mortels.

Une femme ſage eſt *le plus* grand tréſor que puiſſe déſirer un honnête homme.

Le moindre menſonge eſt un péché.

Votre ſentiment eſt *le moins* ſoutenable.

De deux maux, il faut éviter *le pire.*

Ce vin-là, eſt encore *pire* que le premier.

De deux choſes avantageuſes, il faut choiſir *la meilleure.*

C'eſt *le meilleur* homme du monde. C'eſt *la meilleure* femme poſſible. La derniere faute ſera *pire* que la premiere. Le remede eſt *le pire* mal de tout.

Du Nom en général.

ON compte trois fortes de noms fubftantifs, des *propres*, des *communs* & des
collectifs.

Les noms fubftantifs propres, font ceux
qui marquent un objet unique ; comme,
Rome, *Paris*, *Horace*, *Platon*, qui expriment des noms uniques, tant d'hommes
que de villes.

Les communs font ceux qui expriment
une collection d'objets de même efpece :
comme les mots, *royaume*, *montagne*,
riviere, *province*, qui expriment, tous les
royaumes, toutes les *montagnes*, toutes
les *rivieres* & toutes les *provinces*.

Les collectifs font ceux qui, quoiqu'au
fingulier, expriment plufieurs objets remis
pour former un tout ; comme les mots,
armée, qui renferme l'idée de plufieurs
foldats. *Forêt*, de plufieurs *arbres*. *Peu-*
ple, de plufieurs *hommes*, &c.

Il en est ainsi des mots, *multitude,* *infinité, nombre, quantité, troupe, trou- peau, la plupart.*

Pour connoître le genre d'un nom substantif qui commence par une voyelle, ou par une *h* non aspirée, il faut mettre avant ce mot, un adjectif qui commence par une consonne. Par exemple, si je veux savoir, si le mot, *équinoxe,* est au mas- culin ou au féminin, je placerai avant ce mot, l'adjectif, *bel,* ou *dangereux,* ou *fâcheux,* &c. Et comme l'on peut dire : un *bel équinoxe ; l'équinoxe* est quelquefois fâcheux ; je conclurai que ce mot est au masculin.

En suivant la même regle, *harmonie* est au féminin, parce que l'on peut dire, *la douce harmonie, la charmante har- monie, la belle harmonie.*

Un même nom substantif ne peut être des deux genres ; mais le nom adjectif le peut. Par exemple, le substantif *soleil,* ne peut être du féminin ; mais les noms adjectifs *aimable*, *raisonnable*, *équitable*, *charitable*, *agréable*, *praticable*, &c. font des deux genres. Il en est ainsi de la plupart des adjectifs qui sont terminés par un *e* muet ; car on dit : un *jardin agréable*, une *maison agréable*, un *homme équitable*, une *femme équitable*, un *dessein praticable*, une *entreprise praticable*, un *projet juste*, une *affaire juste*, &c.

Quand un nom, tant substantif qu'adjectif, n'est pas terminé par une *s* au singulier, il en prend une au pluriel : ainsi, *un homme aimable*, fait au pluriel, *les hommes aimables ; la table*, fait au pluriel, *les tables*, &c.

Quand un nom adjectif n'est pas terminé par un *e* muet au masculin, il en prend un au féminin. Ainsi, on dit : *ce jardin* est *charmant. Cette maison* est dans une situation *charmante. Cet homme* est *savant. Cette femme* est *savante. Un grand homme ; une grande femme*, &c.

Les mots terminés au singulier par une *s*, ou par un *x*, ou par un *z*, gardent ces mêmes lettres au pluriel. On dit : *un petit nez, un grand nez ; des petits nez. Une belle voix, des belles voix. Un bon fils, les bons fils. Un bon discours, de longs discours*, &c.

La plus grande partie des noms terminés en *al* & en *ail*, ont leur pluriel terminé en *aux :* comme, *tribunal, tribunaux ; un canal, des canaux ; animal, animaux ; maréchal, maréchaux ; le bétail, les bestiaux ; le travail, les travaux.*

Les mots, *bal, régal, détail*, & plusieurs autres, prennent une *s* au pluriel.

Il y a des adjectifs qui, étant placés avant les substantifs, ont une signification toute différente, de ce qu'ils ont, quand ils ne sont mis qu'après le substantif. Par exemple, *un homme grand*, signifie un homme d'une grande taille. *C'est un grand homme*, signifie un homme d'un grand mérite. Defcartes étoit un *grand homme*, & non pas, un *homme grand*.

Une eau morte, eft une eau qui ne coule pas : l'eau d'un étang, par exemple.

La morte-eau, c'eft l'eau de la mer quand elle eft dans fon plus bas flux & reflux : ce qui arrive vers le feptieme jour de la lune, & vers le vingt-deuxieme.

Les honnêtes gens d'une ville, ce font des perfonnes qui font au-deffus du peuple, qui ont du bien, une réputation intègre, une naiffance honnête, & qui ont reçu une bonne éducation. Des *gens honnêtes* reçoivent bien ceux qui les vifitent, & font agréables dans leurs manieres.

Un homme vrai, eft celui qui n'eft point fujet à mentir. *Un vrai homme*, eft celui qui eft fort & robufte, qui a un courage mâle ; les adverfités le font connoître.

Dans une même phrafe, le nom fubftantif & le nom adjectif doivent être du même nombre & du même genre : ce feroit une très-grande faute de mettre l'un au mafculin & l'autre au féminin ; l'un au fingulier & l'autre au pluriel, de dire ou d'écrire, *un homme favante*, une *femme favant*.

On ne trouve pas toujours dans une même phrafe le nom fubftantif, auquel fe rapporte un adjectif, parce que ce fubftantif eft fous - entendu ; ou parce qu'il a été exprimé dans quelque phrafe précédente : ainfi, pour le trouver, il faut examiner à quoi peut convenir l'adjectif : comme dans cette phrafe.

Aimable fans étude, elle plaît fans deffein ;
Court après les ingrats, qui veulent la détruire,
Les cherche, les découvre, & leur ouvre fon fein.

On ne fait à quel fubftantif peut fe rapporter l'adjectif *aimable* : dans ce cas, il faut lire ce qui précède, on trouve que le fubftantif fous - entendu eft la *fageffe* ; car la fageffe eft aimable fans étude, & elle plaît fans deffein.

La

La sageße eſt douce & facile :
Son cœur libre & ſans fard lui donne un air
  riant ;
Incapable d'aigreur, toujours ſtable & tran-
  quille,
Son acceuil eſt humain, ſon eſprit eſt liant.
Exacte en ſes devoirs, ſans paroître ſauvage,
Elle cache le mal, elle applaudit le bien ;
Franche, ſans être dure, humble ſans étalage,
Elle remarque tout, & ne critique rien,
Raille ſans déchirer, amuſe ſans médire.
Aimable ſans étude, &c....

La ſageße eſt l'art de ſe rendre heureux ; l'art de ſe conduire par rapport à
ſoi-même & à la ſociété.

Mais il arrive ſouvent que les noms
adjectifs n'ont rapport à aucun ſubſtantif
exprimé dans le diſcours ; alors ces adjectifs n'ont qu'un ſubſtantif vague &
général, que l'on peut rendre par un
des mots, *choſe*, ou *homme* : comme, il
eſt *utile* de s'inſtruire, les *ingrats* indiſ-
poſent à la bienfaiſance ; c'eſt-à-dire,

D

c'est une chose utile d'étudier. Les hommes ingrats, &c.

Quand un nom adjectif se rapporte à deux substantifs singuliers, on le met au pluriel, parce que plusieurs singuliers valent un pluriel ; ainsi on dit : mon *pere* & ma *mere* sont *respectables*, & non pas *respectable* sans *s*.

Cependant, quand les deux substantifs ont une signification approchante, on peut mettre l'adjectif au singulier : comme, il s'est défendu avec une *force* & un *courage admirable*. Il s'est comporté dans cette affaire avec une *sagesse* & une *prudence admirable*. On ne trouve dans les courtisans, qu'une *politesse* (*a*) & une *cordialité affectée*.

(*a*) La politesse n'est qu'un signe très-équivoque des sentiments, elle ne consiste que dans des expressions gracieuses, où le cœur n'a point de part : elle est ce que l'on nomme ordinairement, fausse monnoie.

Quand un adjectif se rapporte à deux substantifs de genres différents, cet adjectif se rapporte toujours au substantif masculin : ainsi l'on dit, *Monsieur & Madame* sont **contents**, & non pas, *contente*.

Cependant, si l'adjectif touchoit immédiatement le substantif féminin, cet adjectif resteroit au féminin. Ainsi, l'on doit écrire : ce musicien a chanté avec un *goût* & une *précision charmante* : & non pas, *charmant*, en le faisant rapporter à *goût*.

———————————————

La cordialité est la politesse du cœur ; elle peut n'être pas dans les manieres : voici un trait de la plus fine politesse cordiale.

M. de Turenne, voyant un Officier de très-grande distinction, monté sur un très mauvais cheval, lui dit : « Monsieur, je suis
» vieux, les jeunes chevaux m'accommodent,
» vous en avez un sur lequel il me semble
» que je serois plus à mon aise ; je vous serois
» obligé de me le céder, en acceptant le mien.

TROISIEME PARTIE DU DISCOURS.

Du Pronom.

LE pronom eſt un mot, qui tient la place d'un nom pour en éviter la répétition : comme, la vertu eſt toujours aimable, mais *elle* n'eſt pas toujours aimée : c'eſt comme ſi je diſois, la vertu eſt toujours aimable, mais la vertu n'eſt pas toujours aimée.

Dans le diſcours, on ſe ſert de pronoms pour s'exprimer avec plus de préciſion. Exemple.

L'indocilité eſt une diſpoſition de l'eſprit à rejeter les conſeils qu'on *lui* donne ; *elle* naît de la préſomption & de la connoiſſance des avantages que nous croyons avoir ſur les autres : le mot *lui*, eſt mis à la place du mot *eſprit* ; & le mot *elle*, eſt mis à la place du mot, *indocilité*, pour rendre l'expreſſion de la phraſe plus énergique.

On compte six sortes de pronoms : des personnels, des relatifs, des absolus, des possessifs, des démonstratifs & des indéfinis.

Pronoms Personnels.

LES pronoms personnels sont ceux qui désignent les trois personnes, ou qui tiennent la place des noms de ces personnes : la premiere, est celle qui parle ; la seconde, est celle à qui l'on parle ; la troisieme, est la personne ou la chose dont on parle.

Les pronoms personnels de la premiere personne, sont, *je*, *me*, *moi*, pour le singulier des deux genres : comme, *je vous aime*, ou au pluriel, *nous vous aimons*.

Le pronom personnel, *je*, est pour marquer l'actif.

Me, pour le passif, & *moi*, pour le

démonstratif. Exemples : *Je me* réjouis que vous ayez pensé à *moi*.

Les pronoms personnels de la seconde personne, sont, *tu*, *te*, *toi*, pour le singulier des deux genres ; le pronom *tu*, est pour marquer l'actif ; *te*, pour le passif ; & *toi*, pour le démonstratif. Exemples : *Tu te* réjouis, lorsque l'on pense à *toi*.

Vous, pour le pluriel des deux genres, comme quand on dit, en parlant à plusieurs personnes : si *vous* avez observé la loi de Dieu gravée au fond de nos cœurs ; si *vous* avez fait aux hommes tout le bien que *vous* avez pu ; si *vous* avez évité de leur nuire ; le Dieu qui les aime, *vous* aimera aussi.

Les pronoms personnels de la troisieme personne, sont, *lui* & *il* ; *lui*, lorsque l'on indique la personne ou l'objet ; & *il*, lorsque l'on nomme la personne ou l'objet.

Elle, pour le singulier féminin : comme,

Madame la Ducheſſe de *** recomman-
doit trois choſes au Gouverneur de ſon
fils. « Monſieur, lui dit-*elle*, que mon
» fils ne mente jamais ; qu'*il* ne faſſe
» point de méchancetés noires ; & qu'*il*
» n'injurie perſonne. »

Ils & *eux*, pour le pluriel maſculin :

E X E M P L E S.

Ils deſcendent tous deux.
L'âne ſe prelaſſant, marche ſeul devant *eux*.

Ils, ſignifie pluſieurs hommes que l'on
nomme ; *eux*, ſignifie pluſieurs hommes
que l'on montre.

A U T R E E X E M P L E.

Les Banianes ne mangent de rien de
ce qui a eu la vie, *ils* craignent même
de tuer le moindre inſecte ; *ils* jetent
du riz & des feves dans la riviere pour
nourrir les poiſſons. Quand *ils* rencon-
trent un Chaſſeur ou un Pêcheur, *ils* le

prient inftamment de fe défifter de fon entreprife ; *il* offrent de l'argent pour le fufil & pour les filets, & quand on refufe leurs offres, *ils* troublent l'eau pour épouvanter les poiffons, & crient de toute leur force pour faire fuir le gibier & les oifeaux.

Elles, pour le pluriel féminin : comme, les plus belles penfées vieilliffent ; il n'en eft pas ainfi des belles actions, *elles* font toujours nouvelles.

Soi, que l'on nomme pronom perfonnel réfléchi, parce qu'il exprime le rapport d'une perfonne fur elle-même : comme, on doit parler rarement avantageufement *de foi*. Quiconque rapporte tout à *foi*, n'a pas beaucoup d'amis. On dit être à *foi*, pour dire que l'on ne dépend de perfonne, & que l'on eft maître de fon loifir. *De foi*, fignifie quelquefois de fa nature, & il fe place indifféremment ou devant ou après le fubftantif auquel il fe rapporte. Exemples : *De foi* le vice

eſt odieux : la vertu eſt aimable *en ſoi.*
Soi, ſignifie encore ſur ſon corps, ſur
ſa perſonne. Exemple : La ſanté demande
que l'on ſoit propre ſur *ſoi.*

Le pluriel de *ſoi*, eſt *eux-mêmes* ou
elles-mêmes, ſelon qu'il eſt maſculin ou
féminin : comme, les imprudents ſe dé-
celent *eux-mêmes* ; les perſonnes qui ont
de l'honneur & de la probité ſe rendent
juſtice à *elles-mêmes* ; il ne convient à
perſonne de ſe louer *ſoi-même.*

Le pronom perſonnel *ſe*, peut ſe dire
des perſonnes & des choſes : comme,
les hommes *ſe* laſſent à la fin de regarder
les belles couleurs ; mais ils ne *ſe* laſſent
jamais de dire de belles choſes. L'eſprit
ſuperficiel *ſe* fait aiſément connoître.

E

Pronoms Poſſeſſifs.

IL y a deux ſortes de pronoms poſſeſ-ſifs, les abſolus & les relatifs ; les abſolus ſont ceux qui marquent la poſſeſſion de quelque choſe : comme, *mon habit*, *votre habit*, *ſon habit*.

Les pronoms poſſeſſis relatifs, ont une relation avec leur ſubſtantif, qui eſt ſup-poſé énoncé auparavant : comme, *votre main* eſt plus belle que la *mienne* ; *votre*, eſt un pronom poſſeſſif abſolu, & la *mienne* eſt un pronom poſſeſſif relatif ; c'eſt comme ſi je diſois : *Votre main* eſt plus belle que *ma main*.

Les pronoms poſſeſſifs déſignent auſſi les trois perſonnes. Ceux de la premiere perſonne du ſingulier maſculin ſont, *mon* ; pour le ſingulier féminin, *ma* ; & *mes* pour le pluriel des deux genres. Exemples : *mon pied*, *ma jambe*, *mes pieds*, *mes jambes*.

Pour la seconde personne du singulier masculin, c'est *ton*; *ta*, au féminin; & *tes* au pluriel des deux genres. Exemples: *Ton livre*, *ta plume*, *tes livres*, *tes plumes.*

Pour la troisieme personne du singulier, c'est *son* au masculin, *sa* au féminin, & *ses* au pluriel des deux genres. Exemples: *Son ami*, *sa sœur*, *ses amis*, *ses sœurs.*

Pour la premiere personne du pluriel, c'est *notre* au masculin & au féminin, & *nos* au pluriel des deux genres. Exemples: *notre cornet*, *notre plume*, *nos cornets*, *nos plumes.*

Pour la seconde personne du pluriel, c'est *votre* au masculin & au féminin, & *vos* au pluriel des deux genres. Exemples: *Votre château*, *votre maison*, *vos châteaux*, *vos maisons.*

Pour la troisieme personne du pluriel, c'est *leur* au masculin & au féminin, & *leurs* au pluriel des deux genres. Exemples : *Leur canif, leur plume, leurs canifs, leurs plumes.*

Pronoms Possessifs Absolus.

Masculins.	Féminins.	Pluriels.
Mon.	Ma.	Mes.
Ton.	Ta.	Tes.
Son.	Sa.	Ses.
Notre.	Notre.	Nos.
Votre.	Votre.	Vos.
Leur.	Leur.	Leurs.

Pronoms Possessifs Relatifs.

SINGULIERS.		PLURIELS.	
Masculins.	Féminins.	Masculins.	Féminins.
Le mien.	La mienne.	Les miens.	Les miennes.
Le tien.	La tienne.	Les tiens.	Les tiennes.
Le sien.	La sienne	Les siens.	Les siennes.
Le nôtre.	La nôtre.	Les nôtres.	Les nôtres.
Le vôtre.	La vôtre.	Les vôtres.	Les vôtres.
Le leur.	La leur.	Les leurs.	Les leurs.

Les pronoms poſſeſſifs relatifs, font également pour les trois perſonnes. Les voici tous rangés dans l'ordre qui leur convient, ainſi que les pronoms abſolus.

Les ſuperlatifs relatifs ſe forment en mettant les pronoms poſſeſſifs abſolus devant les comparatifs d'excès ou de dé-faut : comme, *mon plus* grand plaiſir, *ſa meilleure* connoiſſance, *votre moindre* embarras.

Les pronoms poſſeſſifs abſolus, *mon*, *ton*, *ſon*, s'emploient au ſingulier avant tous les noms féminins qui commencent par une voyelle ou par une *h* non aſpirée; ainſi, au lieu de dire ou d'écrire, *ma ame*, *ta innocence*, *ta eſpérance*, on dit : *mon ame*, *ton innocence*, *ſon humeur*, *mon humanité*, *mon hiſtoire*.

Les pronoms, *tu*, *te*, *toi*, *ton*, *ta*, *tes*, *le tien*, *la tienne*, *les tiens*, *les tiennes*, ne s'emploient en proſe que quand on parle à une perſonne dont on eſt ami intime : comme, que *tu* me fais de plaiſir, mon cher ami, de me venir voir! Je ferois content ſi je pouvois paſſer le reſte de ma vie avec *toi!*

On emploie auſſi ces mêmes pronoms en parlant à quelqu'un contre qui l'on eſt en colere : comme, *tu m'as* volé, je *te connois* à préſent, je *te ferai* pendre.

Ou, lorſque l'on s'adreſſe à Dieu avec des ſentimens véhémens, pour donner plus de force à ſes prieres. Exemples. Oui, mon Dieu, *tu es* bon autant que *tu es* grand, tout nous le dit, & ſur-tout l'eſpérance que nous avons en *ta* miſéricorde.

Dans le diſcours poétique, & ſur-tout dans les vers, on ſe ſert de *tu*, *te*, *toi*, en parlant à *Dieu*, aux *Rois* & aux *Grands Seigneurs.*

SONNET DE DESBARAUX.

Grand Dieu, *tes* jugements ſont remplis
    d'équité.
Toujours *tu* prends plaiſir à nous être propice;

Mais j'ai tant fait de mal , que jamais *ta* bonté
Ne me pardonnera, qu'en bleſſant *ta* juſtice.

Oui , Seigneur , la grandeur de mon impiété
Ne laiſſe à *ton* pouvoir que le choix du ſupplice.
Ton intérêt s'oppoſe à ma félicité ,
Et *ta* clémence même attend que je périſſe.

Contente *ton* deſir , puiſqu'il *t'eſt* glorieux :
Offenſe-*toi* des pleurs qui coulent de mes yeux.
Tonne , *frappe* , il eſt temps , *rends*-moi guerre
   pour guerre.

J'adore , en périſſant , la raiſon qui *t'aigrit* ;
Mais deſſus quel endroit tombera *ton* tonnerre ,
Qui ne ſoit tout couvert du ſang de Jeſus-Chriſt.

Quand on parle à une perſonne à qui
l'on doit un reſpect éminent, au lieu du
pronom perſonnel *vous* , on ſe ſert du
pronom de la troiſieme perſonne , *il* ,
ou *elle*; ainſi , au lieu de dire , *voulez-
vous* , Monſeigneur , que je vous raconte

ce qui s'est p assé; ou, Madame la Duchesse, souhaitez-*vous* que..... On dit, Monseigneur, souhaite-*t-il*, ou Madame la Duchesse souhaite-*t-elle* que je lui raconte ce qui s'est passé.

On met aussi certains titres d'honneur à la place de *vous*. Quand on parle ou que l'on écrit quelque chose qui traite du *Pape*, on dit d'abord, le *Pape*; & si l'on est obligé d'en parler plusieurs fois, on dit, *Sa Sainteté* ou *Saint Pere*, selon qu'on le juge convenable.

Quand on parle d'un Cardinal, on dit, *Monseigneur* le Cardinal de..... si l'on continue d'en parler, on dit, son *Eminence*; & si le Cardinal est Prince, on dit, son *Altesse Eminentissime*.

En parlant à un Archevêque ou à un Evêque, on dit, *Monseigneur*, & en continuant, *votre Grandeur* : à moins que l'on ne soit d'un rang à le nommer simplement Monsieur.

Quand on parle du Roi, on dit : le

Roi, & en continuant, *Sa Majeſté*. Si l'on a l'honneur de parler au *Roi*, on dit premiérement, *Sire*, & en continuant, on dit, *Sa Majeſté* ou *votre Majeſté*.

Dans un diſcours public, deſtiné à l'impreſſion, on écrit, S. A. S. *Monſeigneur le Duc de*..... ou *Comte de*.... en parlant à des Princes du Sang.

On dit, en parlant de l'Empereur *d'Allemagne* ou de *Ruſſie*, *Sa Majeſté Impériale*; s'il eſt queſtion de l'Empereur *des Turcs*, on dit & l'on écrit, *Sa Hauteſſe*.

Si l'on parle d'un Ambaſſadeur, on dit, *ſon Excellence*, & en lui parlant, on dit : *votre Excellence*.

Pronoms Démonstratifs.

LES pronoms démonstratifs servent à indiquer ou à montrer un objet dont il s'agit. Les voici :

Masculins.	Celui-ci.	Ceux-ci.
Féminins.	Celle-ci.	Celles-ci.
Masculins.	Celui-là.	Ceux-là.
Féminins.	Celle-là.	Celles-là.
Masculins.	Ce-ci, cela, ce.	

Souvent le pronom démonstratif *ce*, se met pour le nom substantif vague, *chose*, dont la signification est déterminée par les mots suivants : comme, faites attention à *ce* que l'on vous dit ; c'est-à-dire, à *la chose* ou *aux choses* dont on vous parle, ou ne doit s'appliquer qu'à *ce* qui peut être utile ; c'est-à-dire, à la *chose* ou *aux choses* qui peuvent être utiles.

Les pronoms, *ceci*, *cela*, ne se disent que des choses; ils n'ont point de pluriel: de maniere que *ceci*, peut ordinairement se rendre par cette chose-*ci*, & *cela*, par cette chose-*là*.

Pronoms Indéfinis.

ON nomme pronoms indéfinis, ceux qui tiennent la place d'un objet vague & indéterminé; ces pronoms sont, *on*, *quelqu'un*, *chacun*, *rien*, *personne*, *quiconque*, *celui*, *autrui*, *ceux*, *l'un*, *l'autre*, &c. comme, *on* nous écoute, ou *quelqu'un* nous écoute; je parle d'une personne, mais je ne la désigne pas.

On, est masculin, il désigne toujours le sujet dont on parle. Exemple. Quelquefois *on* se trompe; quelquefois *on* apprend ce que *l'on* ne voudroit pas savoir; mais *l'on* veut toujours savoir les choses dont *on* veut s'instruire : *on* ne s'embellit point en blâmant sa rivale.

On met souvent *l'* apostrophe avant
le pronom indéfini *on*, pour éviter la
cacophonie , & pour la délicatesse de
l'oreille : comme, *l'on* danse, *l'on* mange ;
mais après les mots, *si*, *&*, *que*, *ou*, l'on
doit préférer *l'on* à *on* ; & lorsque ce
pronom est suivi des syllabes *com* ou *con*,
ou du *c* dur. Exemples. Si *l'on* savoit
borner ses desirs, *on* éviteroit bien des
maux ; ou, si *l'on* savoit régler ses études,
on feroit de plus grands progrès. *On* re-
tient mieux les choses que *l'on* conçoit,
que celles que *l'on* ne *comprend* pas.

Que l'on convienne toujours de la valeur des termes, *si l'on* veut s'entendre.
Cependant il faut écrire : *si on la laissoit
faire. Si on la lisoit, & on la lira* ; pour
éviter les sons désagréables que feroient,
*si l'on la lisoit, si l'on la laissoit faire,
& l'on la lira*, &c.....

Quand le pronom indéfini *quelqu'un*,
se rapporte à un substantif, il est mas-

culin & féminin ; & il fe dit des perfonnes & des chofes : comme, j'ai befoin
de *quelques-unes* de vos plumes ; j'ai
befoin de *quelques-uns* de vos livres ou
de vos avis ; j'ai vu *quelques-uns* de vos
amis ; adreffez-vous à *quelques-unes* de
ces Dames, &c.

Chacun, fait au féminin *chacune*, fans
pluriel ; il ne fe dit des chofes, que quand
il fe rapporte à un fubftantif. Exemples.
Chacun fe dit ami, mais fou qui s'y re-
pofe. Il faut rendre à *chacun* ce qui lui
eft dû. Remettez ces chofes *chacune* à
leur place. Il faut remettre ces livres
chacun à fa place. On trouvera dans
chacun de ces tirroirs, différentes chofes
de différentes efpeces.

Quiconque, eft mafculin, fans pluriel ;
il ne fe dit que des perfonnes. Exemples.
Quiconque défobéira, fera puni. *Quiconque* n'obfervera pas la Loi de Dieu,
fera damné. *Quiconque* n'obferve pas les

Loix du Pays où il se trouve , mérite
punition.

Quelque crime toujours précéde les grands
crimes.
Quiconque a pu franchir les bornes légitimes ,
Peut violer , enfin , les droits les plus sacrés.
Ainsi que la vertu , le crime a ses degrés ;
Et jamais on n'a vu la timide innocence ,
Passer subitement à l'extrême licence.

Le pronom indéfini *personne* est masculin , quand il est précédé ou suivi de
la préposition négative *ne* : il signifie *nulle
chose.*

EXEMPLES.

Celui qui, sans discernement ,
Adresse à tout venant ,
Les louanges qu'il donne ,
Fait grand tort à son jugement,
Et *ne* fait honneur à *personne.*

Il *n'y* a *personne* ici. *Personne* ne fait
cela mieux que lui ou qu'elle. *Personne*
n'est plus votre serviteur que je *ne* le suis.

Perſonne ne ſera aſſez hardi d'y toucher. Je *ne* connois *perſonne* qui puiſſe mieux faire cette affaire.

Perſonne , ſans négation , peut ſe tourner par *aucun* ou *quelqu'un.* Exemples. Je doute que *perſonne* ſache cela mieux que lui. *Perſonne* a-t-il rendu de plus grand ſervice à la Philoſophie que Deſcartes? *Perſonne* a-t-il jamais mieux narré que la Fontaine? Cela lui conviendroit mieux qu'à *perſonne. Perſonne* peut-il douter de l'exiſtence de Dieu?

Rien , pronom indéfini, il ne ſe dit que des choſes, il eſt ſingulier maſculin; ſuivi de *ne*, il ſignifie *nulle choſe.*

EXEMPLES.

Rien n'eſt plus commun que le nom ,
Rien n'eſt plus rare que la choſe.

On eſt bien à plaindre quand on *ne* s'applique à *rien* de ſolide. Le pénible fardeau que de *n'avoir rien* à faire !

Rien, fans négation, fignifie *quelque chofe*. Exemples *Rien* de plus agréable que la converfation d'un homme fage & qui eft inftruit. Il eft dangereux de *rien* entreprendre au-deffus de fes forces. *Rien* flatte-t-il fi délicieufement l'efprit & l'oreille, qu'un difcours fagement penfé & noblement exprimé?

Quand le pronom indéfini *ce*, eft immédiatement fuivi du verbe *être*, alors il peut être mafculin ou féminin. Exemples. *C'eft* s'expofer à devenir vicieux, que de vivre, dans une liaifon familiere, avec les méchants.

La crainte & la honte *font* toujours les compagnes du mal; *ce font* de vraies marques qui le font connoître.

Le pronom indéfini *celui*, fait au féminin, *celle*; au pluriel mafculin, il fait *ceux*, & *celles* au pluriel féminin. Exemples. C'eft une grande incivilité d'interrompre *celui* qui fait un récit.

On regarde un ingrat comme l'ennemi
commun

commun de la société, & en particulier de tous *ceux* qui font dans le cas qu'on leur faffe du bien : ces pronoms fe difent également des perfonnes & des chofes.

Quand *celui*, fe dit des chofes, il fe rapporte toujours à quelque nom qui le précéde : comme, regardez ces deux *habits*, quel eft *celui* que vous me confeillez de prendre ?

Le pronom *autrui*, ne fe dit que des perfonnes, il fignifie *les autres* ; il n'a proprement ni genre, ni nombre. Exemples. Faites à *autrui* tout le bien que vous voudriez qu'on vous fit : voilà la vertu. Ne faites à *autrui* ce que vous ne voudriez pas qu'on vous fit : voilà la probité. Bien des gens ne fe font pas un fcrupule, pour augmenter leur bien, d'y ajouter celui *d'autrui*. L'exemple *d'autrui* corrige rarement, le bien *d'autrui* fe reftitue difficilement.

L'un, *l'autre*, font des deux genres

& des deux nombres : on les emploie conjointement ou séparément.

Quand ils sont employés conjointement, ils expriment un rapport réciproque entre plusieurs choses, ou entre plusieurs personnes qui agissent les unes sur les autres ; c'est-à-dire, ce que se font mutuellement plusieurs objets ou plusieurs personnes. Exemples. Les peuples souffrent toujours de la guerre que les Princes se font *les uns contre les autres.*

Quand *l'un* & *l'autre* s'emploient séparément, ils marquent division de plusieurs choses.

L'un, *l'une*, sont mis pour les personnes ou pour les choses dont on a parlé en premier lieu.

L'autre & les *autres*, se mettent pour les personnes ou pour les choses dont on a parlé en dernier lieu. Exemples. L'orgueil suppose de l'élévation dans l'ame, à la différence de la vanité, qui décelle la petitesse. *L'un* peut devenir vertu, *l'autre* n'est jamais qu'un vice. L'orgueil fait quelquefois de grandes choses : la sotte vanité n'en produit que de petites. Réglons *l'un* & détruisons *l'autre*.

Alexandre disoit souvent : « Je ne suis » pas plus redevable à Philippe, mon » pere, qu'à Aristote mon précepteur ; » si je dois à *l'un* la vie, je dois à *l'autre* » la vertu ».

La mauvaise fortune est plus avanta-geuse à l'homme que la bonne ; *l'une* sert à le faire rentrer en lui-même, à l'humi-lier, à le convaincre de l'inconstance des choses du monde ; *l'autre* ne sert souvent qu'à l'énorgueillir.

> Souvent la sagesse suprême,
> Sait tirer notre bonheur même,
> Du sein de nos calamités.

Pronoms Relatifs.

ON nomme pronoms relatifs, ceux qui rappellent dans le difcours les idées des perfonnes ou des chofes dont on a déjà parlé, pour expliquer ou pour reftreintre l'étendue.

Les pronoms relatifs font, *qui*, *que*, *quoi*, *en*, *dont*, pour les deux genres & pour les deux nombres.

Le, pour le fingulier mafculin.

La, pour le fingulier féminin.

Les, pour le pluriel des deux genres.

Lequel, pour le fingulier mafculin : *lequel* homme.

Laquelle, pour le fingulier féminin : *laquelle* femme.

Lefquels, pour le pluriel mafculin ; *lefquels* hommes.

Lefquelles, pour le pluriel féminin : *lefquelles* femmes.

Ces pronoms font nommés relatifs,

par le rapport qu'ils ont à des noms ou à des pronoms qui les précédent, & qui expriment les perſonnes ou les choſes dont ils rappellent les idées. Exemples. C'eſt un grand bonheur pour un jeune homme d'être propre à quelque choſe, cela *le* rapprochera des Grands, *qui* ſont preſque tous ignorants , & *qui* n'ont d'autres moyens de ne *le* pas paroître , que d'avoir auprès d'eux des gens *qui* ne *le* ſoient pas : ces trois pronoms, *qui,* ſont au pluriel maſculin , parce qu'on peut les tourner, par *leſquels Grands* , dont ils rappellent les idées ; les trois pronoms relatifs, *le* , ſont relatifs à ignorants , & ſont auſſi au pluriel maſculin : il en eſt ainſi dans les phraſes ſuivantes.

Acquérir des connoiſſances, c'eſt s'avancer vers l'avenir ; c'eſt prévenir l'âge où l'on ſe dégoûte des choſes *qui* n'ornent pas l'eſprit. Le relatif *qui* , eſt au pluriel féminin, parce qu'on peut le tourner par *leſquelles choſes* ; & le relatif *où* , eſt au singulier masculin : il signifie *lequel âge*.

C'est une habitude *qui* prépare beau-coup d'ennui, que celle de ne regarder jamais au - dessous de soi : dans cette phrase, le relatif *qui*, est au singulier féminin ; il seroit au singulier masculin, s'il pouvoit se tourner par *lequel*. Exem-ples. L'esprit superficiel vient de l'amour-propre, *qui* nous fait croire organisé de maniere à avoir des connoissances natu-rellement sans travail.

Le fat est un homme *dont* la vanité seule forme le caractere, *qui* ne fait rien par goût, *qui* n'agit que par ostentation, & *qui*, voulant s'élever au - dessus des autres, est descendu au-dessous de lui-même. Dans cette phrase, le pronom relatif *dont*, est relatif à homme, ainsi que le relatif *qui*.

Le, *la*, *les*, sont articles, quand ils sont joints à des noms, pour en faire connoître le genre & le nombre ; & ils sont pronoms relatifs quand ils sont joints à des verbes. Exemples. Rendons toutes nos penfées dignes du Dieu *qui les* voit naître & *qui les* obferve. Je crains Dieu, & après Dieu, je ne crains que celui *qui* ne *le* craint pas.

J'ai dit des chofes fimples à ce jeune homme, mais il ne *les* a pas écoutées. Je vous ai prêté une de mes plumes, je vous prie de me *la* rendre.

EXEMPLES.

Sur ton efprit fais un effort,
Apprends, *n'en* perds jamais l'envie,
Car l'ignorance, *en* cette vie,
Eft une image de la mort.

Le premier *en* eft relatif, & le fecond eft une prépofition.

AUTRE EXEMPLE.

« Cherche à fuivre *en* tout la fage tempérance,
» Un corps robufte & fain, *en* eft la récom-
» penfe ».

Le premier *en* eſt une prépoſition; &
le ſecond *en* eſt relatif à tempérance.

Où, *d'où*, ſont auſſi des pronoms relatifs, quand ils s'emploient pour *auquel*,
auxquels, &c.... Exemples. Philippe de
Macédoine diſoit à Alexandre ſon fils,
en lui donnant Ariſtote pour Précepteur :
« Apprenez, ſous un ſi bon Maître, à
» évitér les fautes *où* je ſuis tombé ».

Henri IV regardoit la bonne éducation
de la jeuneſſe, comme une choſe *d'où*
dépendoit la félicité des Royaumes &
des Peuples.

On nomme antécédent, les noms ſubſtantifs, ou les pronoms, qui tiennent la
place de ces ſubſtantifs, & qui ſe rapportent au pronom relatif Exemples.
L'enfant le plus chéri, eſt preſque toujours celui *qui* eſt le plus ignorant, & celui
qui aime le moins ſon pere & même ſa
mere (*a*). Le ſubſtantif *enfant*, eſt l'an-

____

(*a*) Il n'y a que trop de meres, même

técédent des deux pronoms relatifs *qui*, parce qu'on peut les tourner par *lequel enfant*.

Pronoms Abfolus.

LES pronoms abfolus différent du pronom relatif, en ce que le premier n'a point d'antécédent ; ces pronoms font, *que*, *qui*, *quoi*, des deux genres & des deux nombres : *quel*, pour le fingulier mafculin ; *quelle*, pour le finguliei féminin ; *quelles*, pour le pluriel féminin ; *quels*, pour le pluriel mafculin.

On emploie ces pronoms dans les phrafes, pour marquer le doute, l'incertitude & l'ignorance où l'on eft d'une chofe, ou pour tenir lieu d'un objet vague. Exemples. Je fais *qui* vous êtes, ou, *qui*

parmi celles qui ont l'efprit cultivé, à quelques égards, qui conteftent & qui nient cette trifte & affligeante vérité. Qu'il feroit à fouhaiter qu'elles euffent raifon !

G

vous a accufé; ou en interrogeant, *qui* êtes-vous ? ou, *qui* vous a accufé ? Je marque par le pronom *qui*, une perfonne *qui* vous a accufé ; mais d'une maniere vague & indéterminé, puifque je demande *quelle perfonne vous êtes*, ou *quelle perfonne vous a accufé ?*

De même, quand je dis : je ne fais *que* vous donner ; le pronom *que*, exprime une chofe que j'ai envie de vous donner, mais fur laquelle je ne fuis pas encore déterminé. Marquez-moi *à quoi* je dois m'occuper ; le pronom *à quoi*, marque confufément quelque chofe *à quoi* je dois m'occuper & que j'ignore.

Les pronoms abfolus fervent auffi quelquefois à défigner confufément la nature & les qualités d'un objet vague. Exemples. Vous ignorez *quels* font les difficultés de votre entreprife ; j'exprime par le pronom *quels*, de très-grandes difficultés.

De même, quand je dis : *qu'eft-ce que*

Dieu ? le premier *que* , defigne confufé-ment la nature & les perfections de *Dieu* ; il en eft ainfi de toutes les interrogations qui commencent par *qu'eft-ce que.*

Que , ne fe dit que des chofes , & peut toujours fe tourner par *quelle chofe.* Exem-ples. *Que* fouhaitez-vous de moi ? c'eft-à-dire , *quelle chofe* fouhaitez - vous de moi ? *Que* voulez-vous dire ? *Que* faites-vous , &c.

Qui , eft toujours pronom abfolu , quand on peut y fubftituer *quelle perfonne.* Exem-ples. Je fais *qui* vous demandez ; c'eft-à-dire , *quelle perfonne* vous demandez. A *qui* dois-je demander permiffion ? c'eft-à-dire , à *quelle perfonne* dois-je demander permiffion ? A *qui* avez - vous parlé ? c'eft-à-dire , à *quelle perfonne* avez-vous parlé ?

Lorfque le mot *que* , ne peut fe tour-ner par *quelle chofe* , ni par *lequel* , *la-quelle* , &c... Comme , je crois *que* vous étudiez , je penfe *que* vous aimez vos parents : il n'eſt ici ni pronom abſolu , ni pronom relatif ; mais *que*, eſt alors une conjonction.

QUATRIEME PARTIE DU DISCOURS.

Des Conjonctions.

LES conjonctions ſont des mots qui ſervent à joindre enſemble les différentes parties du diſcours, & d'une phraſe compoſée de pluſieurs membres. Exemples. Soyez humble dans votre jeuneſſe, & vous ſerez honoré dans votre vieilleſſe. Le mot *conjonction* ſignifie qui joint deux phraſes , comme on le voit ; car :

Soyez humble dans votre jeuneſſe ,
Et Vous ſerez honoré dans votre vieilleſſe ;

forment deux ſens particuliers ſans union ; mais la conjonction *Et*, les unit pour former un ſens plus complet.

Lorſqu'une conjonction unit les phraſes,

& qu'elle n'a fimplement que cette pro- priété, on la nomme *conjonction copula- tive*; ainfi, fans fortir de notre exemple, *Et*, eft une *conjonction copulative*.

On fe fert de conjonctions, pour mar- quer une affirmation, ou une négation, ou un doute. La conjonction affirmative eft *oui*, les négatives font *non*, *ne pas*, *ne point*, & celle qui marque le doute eft *peut-être*.

Ces trois conjonctions expriment l'ac- tion de notre efprit, qui joint ou qui fépare les chofes; & c'eft cette opération de notre ame que l'on nomme *affirma- tion* ou *négation*.

Peut-être, exprime que nous n'avons pas de raifons fuffifantes pour porter un jugement certain. Exemple, *peut-être*, demain. J'étudierai, *peut - être*, la géo- graphie avec vous, &c.

La conjonction négative, *ne point*, nie plus fortement que *ne pas*. Exem- ples. Je *ne* chante *point*, fignifie que je

n'ai aucune difpofition pour le chant.
Je *n'ai pas* encore chanté, mais *je chan-
terai*, fi vous le jugez à propos. Pierre
ne lit *pas*, fignifie préfentement, parce
qu'il fait autre chofe ; mais Pierre *ne* lit
point, fignifie en aucun temps, & qu'il
n'a point de goût pour la lecture.

Des Conjonctions alternatives.

LES conjonctions alternatives font,
ou, *finon*, *tantôt* ; elles fervent à lier
les phrafes, en marquant diftinction,
ou un choix.

EXEMPLES.

Dans fes vagues defirs, incertain, inconftant :
Tantôt fou, *tantôt* fage, il change à chaque
    inftant.

Appliquez-vous à l'étude, *finon* vous
deviendrez incapable de remplir les places
auxquelles la Providence vous deftine.

Ou changez de conduite, *ou* ne paroiſſez plus devant moi.

Des Conjonctions conditionnelles.

LES conjonctions conditionnelles ſervent à lier les phraſes, en marquant une condition ou une ſuppoſition : telles ſont, *quand même, à moins de, ſoit.* Exemples. *Soit* qu'elle chante, *ſoit* qu'elle danſe, *ſoit* qu'elle parle, elle n'en plaît pas davantage. Je ne conſentirois pas à ce que vous exigez de moi, *quand même* il s'agiroit de ma fortune. Je compte me rendre auprès de vous, *à moins de* quelques raiſons particulieres, que je ne prévois pas.

Des Conjonctions adverfatives.

LES conjonctions adverfatives fervent à lier les phrafes en marquant l'oppofition de l'une à l'autre ; telles font, *mais*, *cependant*, *pourtant*, *néanmoins*, *toute-fois*. Exemples. Un homme, dans la profpérité, n'oublie pas qu'il y a des malheureux, les cherche & prévient leur demande. Un malheureux, preffé par le befoin, humilié par la mifere, réfifte aux occafions les plus critiques. Je les eftime tous deux, *mais* c'eft le dernier que j'admire.

Que toute la terre s'arme contre la vérité, on n'empêchera *pourtant* pas qu'elle ne triomphe.

Quelques Docteurs fe piquent d'une morale févere, ils recherchent *cependant* tout ce qui peut généralement flatter la fenfualité.

Corneille n'eft pas toujours femblable

à lui - même : *néanmoins* Corneille eſt un excellent Auteur.

Qui ne haïſſoit pas Néron ? **Toutefois** il aimoit Pompea.

Pourtant, a plus d'énergie ; *cependant*, eſt moins abſolu ; *néanmoins*, ſoutient ſans détruire ; *toutefois*, marque une exception.

Des Conjonctions périodiques.

LES conjonctions périodiques ſont celles qui marquent le temps ; telles ſont, *lorſque*, *dès que*, *quand*, *tandis que*. Exemples. On dit des mœurs, qu'elles ſont bonnes, *quand* elles tendent au bien public. *Dès qu'un* jeune homme eſt docile, il eſt facile de l'enſeigner. Il faut battre le fer *tandis* qu'il eſt chaud. **Tandis que** vous êtes jeune, profitez des leçons que l'on vous donne ; ou, profitez des leçons que l'on vous donne, *tandis que* vous êtes jeune : cette derniere phrase fait mieux sentir l'effet de la conjonction.

Lorsque vous saurez votre leçon, vous vous amuserez ; ou, vous vous amuserez, *lorsque* vous saurez votre leçon : ce qui lie, ce qui unit, ce qui attache, doit être intermédiaire.

Des Conjonctions motivales.

LES conjonctions motivales servent à lier les phrases en exprimant un motif; telles sont, *puisque*, *car*, *enfin*, *d'autant que*. Exemples. Pour vous plaire, j'y consens, *puisque* cela vous fait plaisir. Conduisons-nous sagement, *afin que* nous n'ayons rien à nous reprocher. On ne sauroit trop exhorter les jeunes gens à la docilité : *car*, sans cette vertu, ils ne pourroient recevoir une bonne éducation.

Il faut que je conserve ses intérêts, *d'autant qu'il* est mon pupile.

Des Conjonctions conclusives.

LES conjonctions conclusives sont celles dont on se sert pour tirer une conséquence : telles sont, *donc*, *par consé-quent*, *or*. Exemples. Toute vertu est préférable aux richesses , la prudence est *donc* préférable aux richesses.

Tout homme sage est sujet à se tromper; *or*, mon cher ami , vous êtes homme , *donc* vous pouvez vous tromper. Dieu est bon & juste , *par conséquent* il récompensera la vertu , & il punira le vice.

Des Conjonctions explicatives.

LES conjonctions explicatives sont celles qui servent à expliquer le sens d'une phrase précédente dont elle fait partie; telles sont, *ainsi*, *aussi*, *savoir*, *fur-tout*, *en tant que.* Exemples. On m'a fort recommandé cette affaire, *auſſi* eſt-elle d'une grande conſéquence.

La nobleſſe qui nous vient de la naiſſance, eſt le prix du mérite & de la vertu ; *ainſi*, tout homme ſage eſt noble, & tout noble vicieux ſe dégrade.

La netteté de l'eſprit conſiſte dans trois qualités ; *ſavoir*, dans l'ordre, dans la préciſion & dans la juſteſſe de chaque expreſſion. Je m'oppoſe à cette entrepriſe, *en tant que* j'y ſuis intéreſſé pour mon compte. Gardez - vous bien, *ſur-tout*, de lier une connoiſſance familiere avec cet homme : c'eſt un libertin dangereux.

La conjonction conductive eſt *que.*

Elle ſert à conduire le ſens de la phraſe à ſa perfection. Exemples. Les perſonnes douces & éclairées, ſont naturellement plus portées à l'amour de l'humanité *que* les autres. L'humilité differe de la modeſtie, en ce *que* celle-ci ſe contente de ne point s'élever, & *que* celle-là se plaît à se rabaisser.

La conjonction *si*, a deux significations. La premiere, marque une condition ou une supposition : dans ce cas, *si*, tient lieu de *supposez que.*

EXEMPLES.

Si je voltigeois comme toi,
Le miel ne seroit pas pour moi.

La politesse est l'imitation ou l'expression des vertus ; c'en est l'expression *si* elle est vraie, & l'imitation, *si* elle est fausse. J'étudierai la géographie, *si* vous le voulez. *Si* vous le voulez, nous irons à la Messe.

La seconde signification exprime un doute, ou une incertitude, ou l'ignorance où l'on est d'une chose que l'on veut, ou qu'il est indifférent de savoir. Exemples, Avant que de choisir un état, il faut examiner *si* nous avons les connoissances

& les difpofitions qui nous font néceffaires. Je ne fais *fi* vous le voulez, en
tout cas.... Je ne fais *fi* vous êtes contente.

---

*Lecture intéreffante, qu'il eft maintenant
à propos de faire aux jeunes gens,
en leur faifant diftinguer les différentes fortes de pronoms & conjonctions; ces deux parties du difcours
feront en lettres italiques.*

TOute la nature eft *en* action, *&* ne
fubfifte *que* par l'action. L'homme, *fur-
tout*, *en* a befoin, *&* doit chercher à
fe rendre utile, tant pour le bien de la
fociété, *que* pour *fon* propre bonheur;
ainfi, la pareffe, *qui* eft une fuite de
tout travail, *foit* à l'égard du corps *ou*
de l'efprit, eft un des plus grands obf-
tacles à *notre* bonheur. *Elle nous* caufe
une langueur, un abattement *qui* nous

rend incapables de tout; *elle s'oppose* à l'accomplissement de *nos* devoirs, *&* bien loin de *nous* procurer du repos *&* de la tranquillité, *elle ne* produit *que* l'ennui. Dans *quelque* situation du corps *que se* trouve un paresseux, *il n'est* jamais bien. La paresse nuit à la santé *&* aux connoissances *qu'on* pourroit acquérir, empêche les bonnes actions *que nous* pourrions faire, *& nous* fait souvent manquer le succès des projets les plus utiles, en retardant *nos* démarches.

CINQUIEME PARTIE DU DISCOURS.

Des Interjections.

LES interjections sont des mots qui servent à marquer une affection ou un mouvement de l'ame : comme, *la joie, la crainte, la douleur, l'aversion, l'encouragement*, & généralement tous les sentiments vifs ou langoureux.

Pour exprimer la douleur, on dit : *ah ! hélas ! hé !*

Pour admirer, on dit : *ah ! eh ! hélas !*

Pour encourager, on dit : *ça ! allons ! courage ! fort bien !*

Pour exprimer l'averſion, on dit : *fi ! fi donc !*

Pour faire ceſſer, on dit : *tout beau ! doucement !*

Pour impoſer ſilence, on dit : *paix !*

Ha ! s'aſpire : interjection de ſurpriſe & d'étonnement. Exemples. *Ha !...* vous voilà ! *Ha !... ha !* on le confond ſouvent avec *ah !*

Eh ! interjection de ſurpriſe. Exemple. *Eh !* qui pourroit le concevoir ?

Oh ! que j'ai verſé de larmes ſur les fureurs où ſe porte une aveugle vengeance !

Oh ! que je me trouve heureux d'avoir reçu de Dieu l'intelligence, j'entrevois quel ſera le bonheur de l'homme vertueux ! *O Dieu*, magnifique & miſéricordieux, fais que je t'aime éternellement !

Les

Les mêmes interjections, qui expriment différents mouvements de l'ame, se distinguent par les différents tons de voix dont on les prononce ; par le plus ou le moins de rapidité dont elles se succedent ; par les changements qu'elles occasionnent sur la physionomie ; & sur-tout, par le ton ferme ou languissant qu'on leur donne.

Helas, petits moutons, que vous êtes heureux !

SIXIEME PARTIE DU DISCOURS.

Des Prépositions.

UNE préposition est un mot qui se met avant un ou plusieurs mots, qui lui servent de complément, & sans lesquels elle ne formeroit point de sens. Exemples. La honte est quelquefois causée *par* la crainte *du* blâme, & *de* l'ignorance

H

des ufages *du* monde, établies *dans* la fociété ; c'eft le défaut des jeunes gens qui entrent *dans* le monde.

Les prépofitions *par, du, dans, de,* ne formeroient point de fens, fi elles n'étoient fuivies des mots qui lui fervent de complément.

Les prépofitions n'ont ni genre, ni nombre ; & c'eft pourquoi on dit qu'elles font indéclinables.

Il y a deux fortes de prépofitions, des fimples & des compofées ; les fimples s'expriment par un feul mot : comme, *avec, pendant, après, fur, hors, pour, proche, parmi, deffus, deffous, dans, en,* &c.....

Les compofées s'expriment par plufieurs mots : comme, *vis-à-vis de, à l'égard de, en préfence de, par rapport à,* &c.

La prépofition *dans,* marque le rapport du dedans au dehors : on dit, *dans la* chambre, *dans la* ville.

En, a un fens vague, il indique feulement le lieu où l'on eft, par rapport à un autre lieu où l'on pourroit être; ainfi, l'on eft *en* ville, lorfque l'on n'eft pas chez foi, & que l'on n'eft pas *hors* la ville; on dit, mettre un homme *en* prifon, & un criminel *dans* le cachot.

Quand il eft queftion du temps, la prépofition *dans* marque le temps où l'on a commencé à faire une chofe; *en*, indique le temps que l'on emploie à faire cette chofe; ainfi on dira : j'ai commencé mon ouvrage *dans* le courant du mois dernier, & je l'ai fini *en* quinze jours.

On nomme prépofitions inféparables, celles que l'on ne peut féparer d'un mot, avec lequel elles font un tout, fans changer la fignification de ce mot : comme, *avant-bras*, *avant-coureur*, *arriere-corps*, &c.

Dans ces mots, *avant*, *arriere*, font des prépofitions inféparables. Les prépofitions qui marquent le rapport de lieu, de fituation, d'ordre, font, il eft *dans* fa chambre. Il eft *à* Paris. Ce palais eft fitué *hors* la ville. Il marchoit *devant* le Roi. Il eft *en* Italie. Il eft *chez* fon pere, &c.

Le mot *près*, eft une prépofition quand il eft terminé par une *s* ; il fignifie, *fur le point de*. Exemples. Votre ami eft *près* d'arriver, ou *fur le point* d'arriver à Paris.

Le mot *prêt*, eft un adjectif, quand il eft terminé par un *t* ; il fignifie *difpofé à*. Exemples. Etes-vous *prêt* à partir, ou *prête* à partir ? On voit par là, que *près* de mourir, fignifie fur le point de mourir ; & que *prêt* à mourir, fignifie difpofé à mourir.

Avant, eft une prépofition dans mar-cher *avant moi, avant une heure, avant la* fin du jour, parce qu'il a des pro-noms pour régimes, ou des noms fubf-tantifs.

Avant, eft un adverbe, quand il n'a

point de régime : s'enfoncer *trop avant*, *marcher avant*. Aller **avant**, fouper **avant**, &c.

Devant, eft une prépofition dans, marchez *devant* moi, devant lui, *devant* vous, parce qu'il a des pronoms pour régime.

Et *devant*, eft un adverbe, quand on dit : je marcherai *devant* & vous derriere, parce qu'alors il n'a point de régime.

EXEMPLES où les prépofitions feront marquées en lettres italiques, pour accoutumer les jeunes gens à les reconnoître.

LA hauteur eft le fentiment *de la* fupériorité que l'on croit avoir *fur* les autres, & qu'on leur témoigne *fans* ménagement *pour* leur amour-propre ; c'eft une fierté ridicule que nous infpire

la naiſſance, les talents, les avantages *de
la* fortune & *de la* nature, dont nous
nous ſervons *pour* abaiſſer les autres ;
elle nous vient *de la* trop bonne opinion
qu'on a *de* ſoi‑même, & *du* mépris
d'autrui.

SEPTIEME PARTIE DU DISCOURS.

Des Adverbes.

LES adverbes ſont des mots, qui
ſervent à exprimer quelque circonſtance
du nom & du verbe. Exemples. Un *en‑
fant ſalue* les perſonnes qu'il *connoît ;*
le ſubſtantif *enfant*, & le verbe *ſalue*,
ſont dénués de circonſtances qui ſont
néceſſaires pour rendre la phraſe plus
expreſſive ; ainſi il faut dire, un *enfant
bien né, ſalue poliment* les perſonnes
qu'il connoît, où l'on voit que l'adverbe
bien né, modifie le ſubſtantif *enfant ;*

& l'adverbe *poliment*, exprime de quelle maniere se fait l'action de saluer.

AUTRE EXEMPLE.

L'esprit sublime est celui qui *sent* & *peint vivement* les objets : où l'on voit, que l'adverbe *vivement* modifie les deux verbes, *sent* & *peint*; & c'est l'effet de la conjonction, *&*, qui fait sentir cette double modification.

La plus grande partie des adverbes de maniere, ont leur terminaison en *ment*, & ils se forment des adjectifs en cette sorte.

Quand l'adjectif est au masculin, & qu'il est terminé par une voyelle, on en forme l'adverbe, en y ajoutant *ment*; ainsi, *vrai*, *gai*, *sage*, *sensé*, *poli*, *ingénu*, &c.

Les adverbes sont : *vraiment*, *gaiment*, *sagement*, *sensément*, *poliment*, *ingénument*, &c.

Gentil, fait *gentiment*, parce que la

confonne *l*, ne fe prononce point dans *gentil*. (dans le fens joli.)

Quand l'adjectif eft terminé au mafculin par une confonne, l'adverbe fe forme de la terminaifon féminine, en y ajoutant *ment*; ainfi, *franc*, *généreux*, *doux*, &c. qui font au féminin, *franche*, *généreufe*, *douce*, forment les adverbes, *franchement*, *généreufement*, *doucement*. *Lent*, *préfent*, font au féminin *lente* & *préfente*; les adverbes font, *lentement*, *préfentement*.

Les adverbes de maniere, ont toujours les trois degrés de comparaifon; c'eft-à-dire, le pofitif, le comparatif & le fuperlatif: comme, il faut parler *diftinctement*, *plus diftinctement*, *moins diftinctement*, *auffi* ou *autant diftinctement*, *très* ou *fort diftinctement*, *le plus* ou *le moins diftinctement*.

Mal & *bien*, font au comparatif d'excès ou de défaut, *mieux*, *moindre* ou *pire*.

Les adverbes de temps, sont ceux qui expriment quelque circonstance, par rapport au temps, & par lesquels on peut répondre à la question *quand?* Tels sont, pour un temps présent, *présente-ment, tout-à l'heure, maintenant, ac-tuellement*, &c.

Pour un temps à venir, *demain, bien-tôt, dans peu, à l'avenir, dorénavant, désormais*, &c.

Pour un temps passé, *avant-hier, autrefois, depuis peu, anciennement, der-nièrement, auparavant*, &c.

Pour un temps indéterminé, *souvent, incessamment, pour l'ordinaire, d'abord, soudain, quelquefois, jamais, toujours, tard, bientôt*, &c.

Les adverbes de lieu & de situation, sont ceux qui servent à marquer la dif-férence des distances & des situations, par rapport à la personne qui parle, & par lesquels on peut répondre aux ques-tions, *où? d'où? par où?* Tels sont, *ici, par-là*, *par-ici*, *par-tout*, *près*, *loin*, *devant*, *derriere*, *en haut*, *en bas*, *au-près*, *ailleurs*.

Les adverbes de quantités, font ceux qui fervent à marquer le prix ou la valeur d'une chofe, & par lefquels on peut répondre à la queftion, *combien* ? Tels font, *une fois*, *deux fois*, *mille fois*, *beaucoup*, *peu*, *guère*, *affez*, *tant-foit-peu*, *trop-peu*, *encore*, *au plus*, *au moins*, &c.

Si, eft un adverbe de quantité : Il fignifie *beaucoup* : comme, il eft *fi* honnête-homme, *fi* prudent, &c.

De, eft auffi quelquefois un adverbe. Exemples. On fe fert *de* mots pour exprimer fes idées. On fe fert *de* chevaux pour labourer la terre, &c.

Que, eft auffi confidéré en quelques occafions, comme un adverbe : il fignifie, *à quel point*, *& combien*.

EXEMPLES.

Que vous êtes heureux !
Vous paiffez dans nos champs, fans foucis, fans alarme.

Ainsi *que*, modifie le verbe *êtes*, &
est par conséquent un adverbe.

Les adverbes de rang, sont ceux qui
expriment comment les choses sont ar-
rangées & ordonnées les unes à l'égard
des autres, sans attention au lieu. Tels
sont : *premiérement*, *secondement*, *en
premier lieu*, *à la file*, *alternativement*,
enfin, *tour-à-tour*, *pêle-mêle*, *après*,
ensemble, &c....

Les adverbes de comparaison, sont ceux
dont on se sert pour exprimer la comparaison que l'on fait d'une chose à une autre,
suivant quelque qualité ou quantité. Il
s'ensuit que ces adverbes sont susceptibles
des trois dégrés de comparaison.

1°. Comparaison d'égalité, exprimée
par les adverbes, *de même*, *comme*, *aussi*,
autant, *pareillement*, &c.

2°. Comparaison d'excès, exprimée
par les adverbes, *plus*, *meilleur*, *de
mieux en mieux*, &c.

3°. Comparaison de défaut, exprimée par les adverbes, *moins*, *presque*, *quasi*, &c.

Quelque, est un adjectif, il signifie *un* ou *une entre plusieurs*. Exemples. *Cela seroit bon à quelque dupe ou à quelque sot.* Adressez - vous à *quelque autre personne, quelque peu d'argent. Quelque*, signifie encore, *quelque soit le... Quelque soit la* ou *les*. Exemples. *Quelque effort que vous fassiez. De quelque sorte, de quelque maniere qu'on prenne les choses* ou *la chose*, &c.

Et *quelque*, est déclinable en trois occasions :

1°. Quand il est joint avec un substantif simplement. Exemples. *Quelques qualités que vous ayez.*

2°. Quand il est joint avec un adjectif, suivi de son substantif. Exemples. *Quelques excellentes qualités que vous ayez.*

3°. Quand il est joint avec un substantif, suivi de son adjectif. Exemples.

Quelques qualités excellentes que vous ayez.

Mais *quelque*, eſt pris dans le ſens d'un adverbe, & par conſéquent indéclinable, quand il eſt joint avec un adjeċtif, ſéparé de ſon ſubſtantif ; alors il ſignifie, *à quelque point que*, *à quelque degré que.* Exemples. *Quelque grandes* que ſoient les *difficultés*, on les ſurmonte quand on a de la patience & de la perſévérance. *Quelque puiſſants* que ſoient mes *adverſaires*, je n'ai rien à craindre. *Quelque* violents que ſoient les penchants, la réflexion peut les affoiblir. *Quelque éloignées* de la terre que ſoient les planetes, on en meſure les diſtances par les calculs aſtronomiques.

L'adjeċtif *tout*, ſe prend auſſi dans le ſens d'un adverbe; alors il ſignifie, *entiérement.* Exemples. Cet enfant eſt *tout* plein d'eſprit. Ces enfants ſont *tout* pleins d'eſprit. Elles ſont *tout* étonnées. Sa maiſon eſt *tout* autre qu'elle n'étoit.

Tout, eſt encore adverbe, quand il eſt avec un adjectif au ſingulier ou au pluriel maſculin, ſuivi de la conjonction *que*. Exemples. *Tout inſtruit* ou *tout ſavant* qu'il eſt, il lui reſte encore bien des choſes à ſavoir.

Tout ſavants & *tout inſtruits* qu'ils ſont, il leur reſte encore bien des choſes à ſavoir.

Quand *tout*, eſt ſuivi d'un adjectif féminin qui commence par une conſonne, dans ce cas, *tout*, eſt déclinable. Exemples. *Toute belle* ou *toute charmante* qu'eſt cette campagne, je ne pourrois m'y plaire.

Mais ſi l'adjectif eſt féminin, & qu'il commence par une voyelle, alors, *tout* eſt déclinable ; ainſi il faut dire :

Toute ingrate qu'elle eſt, je ne ſaurois m'en détacher abſolument.

A ces mots, elles demeurent *tout interdites*.

Nous allons maintenant faire la construction grammaticale des Parties du Discours, en expliquant simplement les mots, dont on a donné jusqu'ici les définitions. A la fin de cette Grammaire nous donnerons des constructions plus complettes.

VERSION INTERLINÉAIRE.

LE défaut de foi, dans la vie future, est le germe de tous nos vices; les passions le font éclore ; l'homme n'a plus d'appui pour se soutenir dans le sentier de la vertu ; abandonné à sa propre foiblesse, il tombe de crime en crime, & roule de précipice en précipice.

CONSTRUCTIONS.

Le, est un article qui sert à distinguer le singulier masculin du substantif *défaut*. *De*, est une préposition qui exprime, en

cette occasion, un rapport de privation.
Foi, est un substantif abstrait au singulier féminin : il n'a point de pluriel ; ce
substantif est considéré d'une maniere
déterminée, & cette détermination est
exprimée par la préposition *dans*, avec
son complément, qui est *la vie future* ;
ce complément est composé de l'article
la, & du substantif féminin *vie*, qui
s'accorde en genre & en nombre.

Est le germe de tous nos vices.

Cette phrase est composée de l'article
le, avec le substantif *germe*, au singulier masculin. *De*, est une préposition.
Tous, est un adjectif à la premiere personne du pluriel masculin. *Vices*, substantif abstrait, il exprime la chose pos-
sédée. *Nos*, est un pronom possessif absolu à la premiere personne du pluriel
masculin : *nos vices tous.*

Les passions.

Les, article, au pluriel féminin. *Pas-*

sions, est encore un substantif abstrait, au pluriel féminin ; c'est de toutes les passions en général dont on parle.

Le font éclore.

Le, est un pronom relatif, qui a pour antécédent, *défaut de foi* ; parce que l'on pourroit dire : les passions font éclore *le défaut de foi*.

L'homme.

Substantif au singulier masculin, avec son article *le* ; ce substantif epxrime l'homme en général : il désigne l'espece humaine.

N'a plus d'appui.

Ne plus, est une conjonction négative : *appui*, substantif au singulier masculin, avec son article *de*.

Pour se soutenir.

Pour, est une préposition motivale ; *se*, pronom personnel relatif à homme : *soutenir l'homme*.

Dans le sentier de la vertu.

Dans, est une préposition ; *le*, article indicatif ; *sentier*, substantif au singulier masculin ; *de la*, préposition qui exprime un rapport de possession ; *vertu*, substantif abstrait au singulier féminin : c'est le nom de la chose qui possède ; car *le sentier* appartient à *la vertu*.

Abandonné à sa propre foiblesse.

Il y a ici élipse, c'est-à dire, un mot nécessairement sous-entendu, & ce mot est *l'homme* ; *à*, préposition qui signifie, en cette occasion, *dans* ; *sa*, pronom possessif absolu, à la troisieme personne du singulier masculin ; *foiblesse*, substantif féminin, dont *propre* est l'adjectif.

Il tombe de crime en crime.

Il, pronom personnel, relatif à *homme*, à la troisieme personne du singulier masculin ; *de*, préposition ; *crime*, substantif, au singulier masculin ; *en crime*, *en*, adverbe, qui tient lieu des mots, *dans un autre successivement.*

Et roule de précipice en précipice.

Et, est une conjonction copulative; *de*, préposition; *precipice*, substantif au singulier masculin; *en*, adverbe.

De l'Ellipse Grammaticale, & du Pléonasme.

LES Grammairiens nomment ellipse grammaticale, une certaine construction de phrase dont on supprime divers mots, que le grand usage suppose & qu'il seroit inutile d'exprimer, parce que l'énoncé n'ajouteroit rien à la clarté de la phrase, au contraire, la rendroit froide & languissante; c'est en faisant usage de l'ellipse que nous disons, *les riches, les grands, les savants, les sages* ou *le sage*, &c.

Il pleut, il neige, tiennent lieu des mots, *la pluie tombe, la neige tombe.*

C'est, tient lieu de cette phrase en-tiere, *cet objet dont il s'agit est, il existe.*

Le pléonasme est l'opposé de l'ellipse; c'est une surabondance d'expressions qui semble inutile, ou une répétition des mêmes objets. Quelquefois cette sura-bondance est utile, alors elle devient une beauté dans le discours; mais quand elle est inutile, c'est un défaut. En disant, *je l'ai vu de mes yeux, je l'ai entendu de mes oreilles.* On fait usage du Pléonasme; mais comme on ajoute les mots, *mes yeux, mes oreilles*, pour rendre la chose plus certaine, le pléonasme est néces-saire & il augmente la force du discours, il donne plus d'énergie à ce que l'on ra-conte. Mais ces expressions, *je vais aller, avoir mal à sa tête, quand j'ai dans mon esprit,* ce sont des pléonasmes qu'il faut éviter. Il en est ainsi d'une infinité d'autres expressions qu'une lecture réflé-chie fait éviter.

SECONDE VERSION.

UN Philosophe disoit de ses calomniateurs : « Ces gens-là disent beaucoup
» de mal de moi ; mais ils en diroient
» bien davantage , s'ils me connoissoient
» comme je me connois ».

CONSTRUCTIONS.

Un Philosophe disoit.

Un , article énonciatif , au singulier
masculin ; *Philosophe* , adjectif elliptique ,
dont le substantif sous - entendu , est
homme.

De ses calomniateurs.

De , est une préposition dans le sens
partitif, qui a pour complément *ses calomniateurs* ; ce complément est composé du pronom possessif absolu *ses* , à
la troisieme personne du pluriel masculin , & de l'adjectif elliptique *calomniateurs* , au pluriel masculin.

Ces gens-là difent.

Ces, pronom démonftratif, au pluriel mafculin ; *gens*, fubftantif mafculin : il exprime un fujet vague ; il n'a point de fingulier. Il eft mafculin, quand l'adjectif eft après, & il eft féminin, quand l'adjectif eft avant ; car on dit : voilà de *fines gens*, de *bonnes gens* ; ce font des *gens* qui font *trop fins* ; *là*, adverbe de lieu.

Beaucoup de mal de moi.

Beaucoup, eft un adverbe de quantité, *de*, prépofition ; *mal*, fubftantif abftrait, au fingulier mafculin ; il fignifie , *des chofes blâmables* ; *moi*, pronom perfonnel démonftratif, à la premiere perfonne du fingulier mafculin.

Mais ils en diroient bien davantage.

Mais, conjonction adverfative ; *ils*, pronom perfonnel à la troifieme perfonne du pluriel mafculin ; il fignifie ici, *fes calomniateurs* ; *en*, pronom relatif, fon antécédent eft *mal* ; *bien davantage*, font des adverbes de quantités qui se modifient mutuellement, pour donner plus d'énergie à la phrase.

S'ils me connoissoient comme.

Si, est une conjonction, qui signifie en cette occasion, *supposez - que* ; *me*, pronom personnel, à la premiere personne du singulier masculin, dans le sens passif ; *comme*, adverbe, il signifie *de même que.*

Je me connois.

Je me, pronoms personnels, tous deux au singulier masculin ; *je*, désigne l'actif, & *me*, le passif.

HUITIEME PARTIE DU DISCOURS.

Du Verbe.

LE verbe est un mot qui exprime l'existence d'un objet, qui agit avec le jugement (*a*) qu'on en porte ; c'est le mot de la proposition (*b*) qui marque expressément l'action de l'esprit, qui unit un attribut au sujet : comme, Pierre aime la vertu ; c'est comme si je disois : *Pierre existe à présent, faisant l'action d'aimer la vertu.*

Un mot est un verbe, toutes les fois que l'on peut y ajouter un de ces trois mots, *je*, *tu*, *il* ; ainsi, chanter est un

______

(*a*) Faculté de l'ame, d'appercevoir le rapport de convenance ou de disconvenance, qui se trouve entre les idées qu'elle compare.

(*b*) Les mots, qui expriment l'objet du jugement, & le sujet, sont nommés une proposition.

verbe,

verbe, parce que je puis dire, *je chante*, *tu chante*, *il chante*.

Des Personnes du Verbe.

LES personnes du verbe, sont comme celles des pronoms personnels, la premiere, la seconde & la troisieme personne ; ainsi, un verbe est à la premiere personne du singulier ou du pluriel, quand on affirme quelque chose de soi-même simplement, ou de soi-même, en se joignant à d'autres, comme, *j'aime la vertu*, ou *nous aimons la vertu*.

Un verbe est à la seconde personne du singulier ou du pluriel, quand on affirme quelque chose de celui ou de ceux à qui l'on parle : comme, *tu aimes*, ou *vous aimez*.

Un verbe est à la troisieme personne du singulier ou du pluriel, quand on affirme quelque chose qui ne se rapporte

K

ni à celui, ni à ceux à qui l'on parle : comme, *il aime* ou *ils aiment*, *elle aime* ou *elles aiment*.

Un verbe eft toujours accompagné d'un fujet & d'un attribut. Le fujet d'un verbe eft un nom fubftantif, ou un pronom, qui exprime la perfonne ou la chofe fur laquelle porte le jugement exprimé par le verbe : comme, *Pierre aime la vertu*, *& il eft heureux*. Dans ce cas, *Pierre* & *il*, font les fujets des verbes *aime* & *eft*. Le fujet d'un verbe fait toujours l'action exprimée par le verbe. Qui eft-ce qui aime la vertu? C'eft *Pierre*. Qui eft-ce qui eft heureux? C'eft *il* ou *Pierre*; en un mot, le fujet d'un verbe fait toujours l'action exprimée par le verbe.

L'attribut d'un verbe, exprime le jugement de l'action faite par le verbe; ce jugement eft exprimé par un nom fubftantif ou par un adjectif; ainfi, fans fortir de notre exemple, *la vertu & heu-*

reux, font les attribus des deux verbes, *aime* & *eft*. Qu'eft-ce que Pierre aime? *La vertu*. Quelle eft la maniere d'être de *Pierre*? *Il eft heureux*.

Une propofition eft affirmative quand le fujet a un rapport de convenance avec l'attribut : comme, *la terre eft ronde*; on voit que l'attribut, *eft ronde*, a un rapport de convenance avec le fujet *la terre*.

Une propofition eft négative, quand l'attribut exprime un rapport de difconvenance avec le fujet : comme, *la terre n'eft pas un quarré*, j'affirme que la figure de la terre n'eft pas celle d'un quarré; ou, je nie que la terre foit un quarré.

On compte fix fortes de verbes, qui font : le verbe fubftantif, le verbe adjectif, le verbe paffif, le verbe actif, le verbe neutre, le verbe pronominal, & le verbe imperfonnel.

Verbes *substantifs*.

QUand le verbe & l'adjectif expriment l'état du sujet, alors le verbe est nommé verbe substantif. Exemples. Que vous *soyez triste*, ou que vous *êtes aimable*. Dieu *est juste*. Cette femme *est charmante*, &c.

Soyez officieux, complaisant, doux, affable,
Et pour tous les humains, d'un abord favorable.

Ainsi, le verbe *est* & le verbe *soyez*, font des verbes substantifs. En un mot, un verbe est substantif, quand il est suivi d'un nom adjectif, qui se rapporte au sujet du verbe. Exemples. Cette femme *est instruite*. Cet homme *est savant*. Cette proposition me *paroît évidente*. Mon ami *revient malade* de la campagne, &c.... En effet, ces sortes de verbes expriment,

avec ce qui fuit, quelque attribut du
fujet.

***

Verbes adjectifs.

ON nomme verbes adjectifs, ceux qui
renferment en un feul mot l'action exprimée par le verbe, avec l'attribut :
comme, *Pierre aime*, *Pierre étudie*,
Pierre regne; c'eft comme fi je difois :
Pierre eft aimant, *Pierre eft étudiant*,
Pierre eft régnant, fur fon cœur ou fur
lui-même.

***

Verbes actifs.

ON nomme verbe actif, celui qui
exprime une action faite par le fujet,
& qui fe termine hors ce même fujet.
Exemples. *J'aime mon ami. Dieu com-*
blera de bien l'homme jufte; ainfi, quand

après un verbe, on peut mettre *quelqu'un* ou *quelque chose*, ce verbe eſt actif. Donc *battre, connoître, appercevoir*, &c. font des verbes actifs, parce que l'on peut dire, *connoître quelqu'un*, *battre quelqu'un*, *appercevoir quelque chose*, &c... Mais, *mentir, fouper, dormir*, ne font pas des verbes actifs, parce que l'on ne peut pas dire, *mentir quelqu'un*, *dormir quelque chose*, *fouper quelqu'un*.

Verbes paſſifs.

LE verbe paſſif eſt celui qui exprime une action reçue ou foufferte, par le fujet de l'action : comme, *je fuis aimé*, *je fuis battu*; les actions exprimées par les verbes *aime* & *battu*, fe font hors du fujet, c'eſt-à-dire, hors la perfonne qui eſt *aimée* & celle qui eſt *battue*, & vient s'y terminer.

Verbes neutres.

LES verbes neutres expriment une action ; mais cette action ne se passe pas hors du sujet qui agit : comme, *je danse, je sors, j'arrive, je triomphe*; ces sortes de verbes expriment une *situation*, un *état*, une *habitude* : comme, *rougir, paître, reposer*, &c.

On les nomme neutres, parce qu'ils ne sont, ni *verbes actifs*, ni *verbes passifs*.

Vous *paissez* dans nos champs.

Paissez, est le verbe, dans le sens neutre, c'est-à-dire, que ce verbe marque ici l'état du sujet ; il exprime en même temps l'action & le terme de l'action : car, vous *paissez*, signifie vous mangez de l'herbe, ou vous existez mangeant de l'herbe.

Verbe pronominal.

LE verbe pronominal eſt celui qui eſt précédé de deux pronoms de la même perſonne : comme, *je me réjouis*, *tu te repens*, *il ſe repent*, *nous nous repentons*, *vous vous repentez*, *ils ſe repentent.*

Le verbe pronominal ſe nomme réfléchi, quand l'action qu'il exprime, retombe ſur le ſujet qui la produit : comme, *je me donnerai des livres*, *je me ſaignerai.*

Le verbe pronominal eſt dit réciproque, quand l'action qu'il exprime eſt faite par pluſieurs ſujets qui agiſſent les uns ſur les autres : comme, *il faut que deux freres s'aiment l'un l'autre ; vous vous voyez ſouvent avec plaiſir.*

Verbes imperſonnels.

LES verbes imperſonnels ſont ceux qui ne s'emploient qu'à la troiſieme perſonne du ſingulier : comme, *il faut aimer pour être heureux. Il importe d'avoir de la probité.*

Un verbe à la troiſieme perſonne du ſingulier, eſt imperſonnel, quand on ne peut y ſubſtituer de nom à la place du pronom *il* ; comme, lorſque nous recevons un ſervice de nos amis, *il eſt juſte, il eſt de l'honnêteté* de leur en marquer notre reconnoiſſance. *Il eſt juſte, il eſt de l'honnêteté,* ſont des verbes imperſonnels, parce qu'au pronom *il*, on ne peut y ſubſtituer aucun des mots déjà exprimés ; au contraire, un verbe à la troiſieme perſonne du ſingulier eſt perſonnel, quand au pronom *il*, qui le précéde, on peut y ſubſtituer quelque nom qui ait été exprimé ; ainſi l'on dit : le ſage *ſe* ſuffit,

L

& *il* eſt heureux. L'homme prudent ré-
fléchit avant que de s'engager , & *il* réuſ-
ſit ; on voit bien qu'au pronom *il* , on peut
y ſubſtituer le mot *ſage* ou *l'homme pru-*
dent.

TEMPS DES VERBES.

ON nomme temps des verbes , les
différentes manieres dont ils font terminés , qui font connoître à quels temps
on doit rapporter l'action exprimée par
le verbe.

EXEMPLES.

Le deſir du néant , *convient* aux ſcélérats;
Non , je ne puis *penſer* que la nuit du trépas ,
Eteigne , avec nos jours , ce flambeau de notre
    ame ,
Qu'alluma l'immortel d'une céleſte flamme.
La vertu , malheureuſe en ces jours criminels,
Annonce à ma raiſon , des ſiecles éternels.
Pour la ſeule douleur , la vertu *n'eſt* pas née ,
Le Ciel a fait , pour elle , une autre deſtinée,

La terminaison de ces verbes, fait connoître que l'on rapporte à différents temps, les actions qu'ils expriment. Par exemple, la terminaison du verbe *convient*, indique un préfent, auffi-bien que le verbe *annonce*, & le verbe *penfer*; *qu'alluma*, marque un paffé, &c.

De même, quand je dis : Dieu *récompenfera* la vertu, & *punira* les méchants. La terminaison de ces verbes, fait connoître que l'on rapporte à un temps futur, l'action de *récompenfer*, auffi-bien que celle de *punir*.

Il n'y a que trois temps dans la nature, qui font : le préfent, le paffé & le futur; cependant, outre ces trois temps, l'ufage & la néceffité ont introduit diverfes manieres de les confidérer.

Le Préſent.

LE préſent ſert à faire connoître, que l'action exprimée par le verbe, ſe fait dans le temps où l'on parle : comme, *j'étudie, je chante, je travaille*, &c.

Le préſent ſert auſſi à faire connoître, que l'action exprimée par le verbe, ſe fait habituellement, quoiqu'on ne la faſſe pas actuellement : comme, *j'aime la muſique* ; quand je m'ennuie, *je joue* du violon ; *je me diſſipe, je ſors, je me promene, je chante*, &c.

On ſe ſert encore du préſent, pour exprimer des choſes d'éternelles vérités : comme, *le tout eſt plus grand qu'une de ſes parties. Dieu eſt bon & juſte*, &c.

AUTRE EXEMPLE.

Que *peuvent* contre Dieu, tous les Rois de la
    terre ?
En vain ils *s'uniroient* pour lui faire la guerre ;

Pour *diffiper* leur ligue, il n'a qu'à fe *montrer*,
Il *parle*, & dans la poudre, il les fait tous
rentrer.
Au feul fon de fa voix, la mer *fuit*, le ciel
tremble.
Il *voit* comme un néant, tout l'univers en-
femble;
Et les foibles mortels, vain jouet du trépas,
Sont tous devant fes yeux, comme s'ils n'é-
toient pas.

.On fe fert encore du préfent, au lieu du paffé, quand on veut donner plus d'énergie à ce que l'on raconte : comme dans le récit d'un événement paffé.

Il *entre* dans ma chambre comme un furieux; il fe *promene* d'un pas préci-pité; il fe *jete* dans un fauteuil ; il *pleure*; il fe *releve*; il *prend* fon épée; il *fort* avec précipitation : cette conduite me donne de l'inquiétude, &c.

De l'Imparfait.

L'Imparfait sert à marquer le passé, avec rapport au présent; il sert à exprimer qu'une chose se faisoit, dans le temps qu'une autre s'est faite.

On nomme ce temps imparfait, ou présent relatif, parce qu'il marque l'action comme présente, au temps de quelqu'événement désigné. Exemples. Je *dînois*; je *chantois*; je *lisois*, quand vous *m'avez appellé*.

AUTRES EXEMPLES.

J'ai vu l'impie adoré sur la terre :
Pareil au cedre, il *cachoit* dans les cieux
    Son front audacieux.
Il *sembloit* à son gré, gouverner le tonnerre,
Fouloit aux pieds, ses ennemis vaincus :
Je n'ai fait que passer, il *n'étoit* déjà plus.

On se sert encore de l'imparfait, quand on parle de quelque chose que l'on *faisoit* souvent, & des qualités des personnes ou des paffions qu'un homme a eu: comme, lorfque *j'étois* enfant, *j'aimois* les chofes frivoles ; *j'étois* peu docile ; *j'allois* à la campagne ; je *montois* fur les arbres ; je *m'expofois* à toutes fortes de dangers ; *j'étois* pareffeux & *j'aimois* beaucoup le jeu.

Henri IV *regardoit* la bonne éducation de la jeuneffe, comme une chofe d'où *dépendoit* la félicité des royaumes & des peuples ; il *avoit* d'excellentes qualités ; il *aimoit* les hommes ; il *étoit* bienfaifant : en un mot, il *connoiffoit*, il *récompen-foit*, il *puniffoit*, il *encourageoit* fes troupes par fon exemple.

Du Parfait défini.

LE parfait défini, fert à marquer qu'une chofe fut faite dans un temps entiérement écoulé, & dont il ne refte plus rien :

comme, *je reçus hier , la femaine derniere,* *le mois dernier , l'année derniere ,* des nouvelles fatisfaifantes de votre ami.

Pour faire ufage du parfait défini , il faut que l'action exprimée par le verbe, foit faite dans un temps éloigné au moins d'un jour, que celui où l'on parle : ainfi on s'exprimeroit mal, fi l'on difoit : *je reçus votre lettre ce matin ;* il faut dire , *j'ai reçu votre lettre ce matin ;* &, *je reçus votre lettre le mois paffé , la femaine der-niere,* ou *l'année derniere ,* ou *hier.*

De même on ne diroit pas , *nous reçûmes votre lettre ce matin ;* il faut dire , *nous avons reçu votre lettre ce matin ;* & *nous reçûmes votre lettre, ou vos lettres , la femaine derniere , le mois dernier , l'année derniere ,* ou *hier matin ,* à huit heures.

On ne diroit pas non plus , *je rendis mes comptes cette femaine , ce mois ;* mais il faut dire , *j'ai rendu mes comptes cette femaine , ce mois , cette année ;* &

*je rendis mes comptes la semaine der-
niere, le mois passé, l'année derniere.*

On se sert du parfait défini, dans le style historique, parce que l'histoire est le récit des choses & des faits intéressants qui sont passés.

EXEMPLES.

Un esclave, qui *s'étoit* retiré de servitude, *acheta* un petit champ, & le *cultiva* avec tant de soin, qu'il *devint* le plus fertile de tout le pays. Un tel succès lui *attira* la jalousie de ses voisins, qui *l'accuserent* de magie & d'employer des sortileges, pour procurer à son petit champ une si étonnante fertilité. Il *fut appellé* devant les Juges Romains. Le jour de l'assignation *étant venu*, il *comparut*; il *amena* avec lui sa fille, qui *étoit* une grosse paysanne, très-laborieuse, bien nourrie, bien vêtue. Il *fit apporter* tous ses instruments de labour, qui *étoient* en fort bon état; il *fit* aussi *venir* ses bœufs, qui *étoient* gros & gras ; puis se tournant vers ses Juges : voilà , dit-il , mes sortileges & la magie que j'emploie pour rendre mon champ fertile. Je ne puis , continua-t-il , vous produire ici mes sueurs , mes travaux de jours & de nuits. Les suffrages *ne furent* point partagés : *il fut* absous d'une commune voix.

Du Parfait indéfini.

LE parfait indéfini marque une chose passée dans un temps que l'on ne désigne pas ; ou dans un temps désigné , mais qui n'est pas tout-à-fait écoulé. Exemple. Des écrits sans nombre , qui *ont été faits* sur l'éducation , je ne connois rien de plus sensé que ce qu'en dit Montagne ; il ne veut pas que les enfants *soient élevés* sous les yeux du pere & de la mere , dont la tendresse , trop aveugle , *pourroit* empêcher l'effet d'une bonne éducation :

je ne défigne pas abfolument le temps où cela a été écrit.

Et quand je dis, *j'ai loué* une maifon cette année, ce mois, cette femaine; ou, *j'ai vu* M^r. votre pere, qui *m'a chargé* de vous faire, de fa part, beaucoup d'amitiés. Les mots, *j'ai vu*, *a chargé*, défignent des chofes paffées, mais dans un temps qui n'eft pas encore entiérement écoulé.

Du Futur.

LE futur, marque qu'une chofe fera ou fe fera dans un temps qui n'eft pas encore arrivé. Exemples. *Je fortirai* de la Ville; *je recevrai* des nouvelles de mon pere; *j'irai* à la campagne; *je ferai* de retour dans trois jours.

Oui, *j'aimerai* toujours le Dieu qui m'a fait naître,
Toujours *j'obferverai* la Loi d'un fi bon maître.

Plus-que-parfait.

LE plus - que - parfait marque qu'une chose étoit déjà faite dans le temps qu'une autre s'est faite. Exemples. *J'avois* dîné, quand mon frere m'est venu voir ; *nous avions* pris le café, quand on est venu nous annoncer l'arrivée de ma sœur.

J'avois reçu votre lettre avant celle de Mʳ. votre pere. *J'étois* à Paris, quand *j'ai appris* cette bonne nouvelle.

Conditionnel présent.

LE conditionnel présent, sert à marquer, qu'une chose seroit moyennant une condition ou une supposition. Exemples. Si nous savions borner nos desirs, nous *nous épargnerions* bien des chagrins. *J'acheterois* cette robe, *si* elle *n'étoit* pas si chere, ou *si* elle *étoit* d'une autre couleur. Je *vous aimerois*, *ſi* vous étiez plus vigilante , ou moins pareſſeuſe.

Le conditionnel préſent s'emploie devant & après l'imparfait , quand il eſt précédé de *ſi* ou de *quand*. Exemples. *Il* ne *ſeroit* pas plus content, *ſi on lui avoit* donné cent écus , ou *quand* on lui *auroit donné cent écus*.

Le conditionnel préſent ſert à marquer ou à exprimer un ſouhait ou un deſir : comme, *je ſouhaiterois* qu'il fût d'un autre caractere ; *je deſirerois* faire quelque choſe qui puiſſe vous plaire ; *je ſerois* content, *ſi* vous étiez perſuadé du véritable attachement que j'ai pour vous.

Conditionnel paſſé.

LE conditionnel paſſé , marque qu'une choſe auroit été faite , ſi certaine condition avoit eu lieu. Exemples. *J'aurois* répondu plutôt à la lettre obligeante que vous m'avez fait l'honneur de m'écrire, fi *j'euſſe ſu* votre adreſſe.

EXEMPLES.

J'aurois reſpecté une gloire éternelle,
Et moins grand en effet, *j'euſſe* été plus fidelle.

Je vous *aurois rendu* mes comptes, fi vous *euſſiez* voulu ; ou , je *ſerois* venu plutôt, fi vous *euſſiez été* chez vous, vous aſſurer que....

Des modes Grammaticales.

ON nomme modes grammaticales, les différentes manieres d'employer le verbe, ou, ſans rapport aux différents temps & aux différentes perſonnes, c'eſt *l'infinitif* : comme , *aimer, conſentir, concevoir, entendre,* qui ſignifie des actions, ſans dire qu'elles ſoient faites par quelqu'un, ni dans quel temps elles ont été faites. Ce mode eſt conſidérable, parce que dans tous les Dictionnaires on ne trouve que l'infinitif des verbes ; c'eſt par l'infinitif que l'on marque les différentes conjugaiſons , comme nous le dirons inceſſamment.

Ou, pour exprimer les divers temps des verbes, en marquant qu'ils n'ont aucun rapport de dépendance , avec quelque choſe qui précede, c'eſt *l'indicatif* : comme , *j'aime l'étude* , *vous m'avez fait plaiſir*. Les actions exprimées par les verbes, *avez*, *j'aime*, ſont indépendantes des mots qui pourroient être avant.

Ou, pour exprimer les divers temps des verbes, en exprimant une condition, ou une ſuppoſition, ou quelque deſir ; & c'eſt la jonction de ce deſir, de cette ſuppoſition , de cette condition , qui forme le mode *ſubjonctif*. Exemples. *Je ſouhaite que vous chantiez*, contient un ſouhait : en cas *que vous chantiez*, contient une ſuppoſition.

Je veux que vous faſſiez votre devoir ; je veux, exprime une affirmation ſimple & indépendante de toute autre action ; au lieu que *vous faſſiez votre devoir*, n'eſt qu'indirecte & ſubordonnée à la premiere.

Ce mode eſt nommé *conjonctif*, parce que l'action exprimée par le verbe, eſt abſolument dépendante de la conjonction *que*, après laquelle le verbe ſe met toujours, comme on le voit dans ces exemples :

Je lui *pardonne*, pourvu *qu'il ſoit* plus ſage.

Je *crains que* vous ne *ſoyez* la dupe de votre bon cœur.

Je *veux que* vous *ayez* plus de politeſſe.

Un verbe au ſubjonctif, ne peut être ſéparé de la conjonction *que*, ſans altérer le ſens de la phraſe. Exemples. Je *veux que* vous *ſoyez* heureuſe.

Si l'on ſupprime *je veux que*, le reſte,

vous *soyez heureuse*, ne préfente aucun fens à l'efprit ; mais fi l'on dit : *je preffens que* vous *auriez* du plaifir de voir le Roi : en fupprimant, *je preffens que*, le refte, *vous auriez du plaifir de voir le Roi*, préfente un fens déterminé, indépendamment de *je preffens que.*

Impératif.

LE mode *impératif*, exprime l'action de prier, de commander ou d'exhorter. Il marque un préfent par rapport à l'action de commander ; mais il défigne le futur, par rapport à l'action commandée. Exemples. *Je vous commande d'obéir à mes ordres. Je vous ordonne de vous acquitter de vos devoirs. Je vous engage à finir cette affaire. Je vous exhorte à la patience & à la perfévérance*, &c.

EXEMPLES.

Paiſſez moutons, paiſſez ſans regles & ſans
　　ſcience ,
　　　　Malgré (*a*) la trompeuſe apparence ,
Vous êtes plus heureux & plus ſages que nous.

L'impératif n'a point de premiere perſonne au ſingulier , parce que l'on ne ſe
commande pas à ſoi-même , à moins
qu'on ne ſe parle comme on parleroit à

(*a*) *La trompeuſe apparence !* Être abſtrait,
perſonnifié , pris individuellement , qui nous
préſente des ombres ou des fantômes pour des
réalités , afin de nous en impoſer. *Malgré,* ce
mot, qui eſt à préſent une prépoſition , eſt
compoſé de l'adverbe *mauvais,* & du ſubſtantif
gré : mauvais gré. Ainſi , malgré la trompeuſe
apparence , qui ne cherche qu'à nous en impoſer , à nuire , vous êtes au fond , & dans
la réalité , plus heureux & plus ſages que nous.
C'eſt le véritable ſens de cette phraſe impérative.

une seconde personne. Exemples. On peut se dire à soi-même : *Si tu veux être heureux, remplis tes devoirs de religion, songe à pratiquer la Loi de Dieu & à remplir tes obligations.*

NEUVIEME PARTIE DU DISCOURS.

Des Participes.

LE participe est un mot qui, considéré d'une maniere, est un verbe, & qui, considéré d'une autre, est un adjectif. Exemples. La vue est *affectée* par les couleurs & par la lumiere; l'ouie est *affecté* par les sons. Il est aisé de voir que le mot *affecté* est un verbe, en tant qu'il exprime une action; & que le même mot *affecté* est un adjectif, en tant qu'il exprime une maniere d'être, parce que l'on pourroit dire, *être affecté* : il en est ainsi dans les phrases suivantes.

M 2

La défiance eft la crainte d'être *trompé* par les gens que l'on ne connoît pas ; la méfiance eft la crainte d'être *trompé* par les gens que l'on foupçonne de mauvaife foi.

Le fage doit fe défier de la fortune & de fes jugements ; mais il doit apporter dans la fociété, une confiance fage & *éclairée* par la prudence.

De même quand je dis : un enfant *aimé* de fes parents, le mot *aimé*, eft l'adjectif du fubftantif *enfant*, & le même mot *aimé*, eft un verbe, parce qu'il exprime l'action d'aimer, par fes parents.

Participe actif.

UN participe eft actif, quand il exprime le fujet, comme produifant une action, ou comme ayant produit une action. Exemples. Adam *ayant* défobéi à Dieu. Un Général *ayant* défendu. Un Général *aimant* ses Officiers & ses Soldats : on fait entendre qu'un *Général* a défendu, & qu'il aime ses Officiers & ses Soldats ; & qu'*Adam* a désobéi à Dieu.

La plus grande partie des participes actifs, sont indéclinables : on dit également, *un homme lisant*, *une femme lisant*, *des hommes lisant*, *des femmes lisant* de bons livres. Les participes que l'on peut excepter, sont, *approchant*, qui fait au féminin, *approchante*, *dépendant*, qui fait, *dépendante*, *répugnant*, *répugnante*, *tendant*, *tendante*, & plusieurs autres.

Le participe actif ne peut jamais subsister seul dans le discours, sans être suivi de quelques mots qui en dépendent, exprimés ou sous-entendus : ainsi, on ne pourroit pas dire, *Pierre aimant*, sans exprimer ce que Pierre aime. Et quand je dis, Louis XVI *régnant*, on sous-entend en France ; au lieu qu'un adjectif n'a aucune suite nécessaire ; car, on dit :

un effet brillant, un coup surprenant, &c.

Il y a encore une autre différence entre l'adjectif & le participe actif, que l'adjectif peut toujours être mis immédiatement à la suite du verbe *être*, & que le participe actif ne le peut; ainsi, on dira bien, *ce discours est séduisant, un effet surprenant*; mais on ne dira pas *je suis lisant, je suis chantant, je suis* ou *vous êtes dormant*, &c.

Participes passifs.

LES participes passifs expriment un sujet, comme recevant une action, ou comme ayant reçu l'effet d'une action. Exemples. Un pere *aimé* de ses enfants, j'exprime l'idée d'un pere *aimé* par ses enfants.

Les participes passifs sont ordinairement indéclinables, quand ils sont à la suite du verbe *avoir*; ainsi il faut écrire, les Chinois qui *ont fait* des rits de tout, qui *ont formé* leur empire fur l'idée du gouvernement d'une famille , *ont voulu* que les hommes fentiffent qu'ils dépendoient les uns des autres ; en conféquence leurs Légiflateurs *ont donné* aux regles de la civilité , la plus grande étendue.

Les hommes , *étant* imparfaits , *n'ont pu* fe fuffire à eux-mêmes.

Les hommes fages ont toujours *recherché* & *aimé* les fciences ; & non pas *recherchés*, ni *aimés* , en les faifant rapporter *à hommes fages* , ou *recherchées* & *aimées* , en les faifant rapporter *aux fciences*.

Quand les participes paffifs font à la fuite des temps du verbe *avoir*, & qu'ils font précédés de leur régime abfolu , exprimé par un nom ou un pronom, alors ils peuvent être des deux genres & des deux nombres.

EXEMPLES.

J'ai lu, avec plaisir & avec beaucoup d'attention, les propositions que vous *m'avez envoyées*; *j'ai conçu* des projets qui *ont besoin* d'être *rédigés*, & qui me semblent incompatibles avec ce que vous me *proposez*: elles ont des difficultés que vous *n'avez* sûrement pas *prévues*; cependant, quand je les aurai *lues* & *méditées* une seconde fois, & que *j'aurai* scrupuleusement *examiné* le tout, je vous ferai part de mes réflexions.

Dans cette phrase, *lu*, est indéclinable, parce que le régime qui est, *les propositions*, suit.

Envoyées, est déclinable, & s'accorde en genre & en nombre avec son régime absolu, qui précéde & qui se rapporte à *propositions*.

Conçu, est indéclinable, parce qu'il est mis avant son régime, qui est *des projets*.

Rédigés,

Rédigés, est déclinable, & s'accorde en genre & en nombre avec son régime absolu, qui se rapporte avec *projets*.

Prévues, est déclinable, il se rapporte avec le régime indirect, *que*, relatif à *difficultés*.

Lues & *méditées*, sont déclinables; ils se rapportent au régime absolu, *les*, relatifs à *propositions*.

Examiné, est indéclinable, parce qu'il n'est précédé d'aucun régime.

Il y a une certaine mesure de connoissances utiles, que les hommes *ont eu* de bonne heure, à laquelle ils *ont* peu *ajouté*, & qu'ils ne passeront guère, s'ils la passent; ils ont cette obligation à la nature, qui leur *a inspiré* ce qu'ils avoient besoin de savoir.

Les Empereurs Tite, Trajan, Antonin, Marc - Aurelle, *ont mérité* d'être appellés les délices du genre humain, parce qu'ils *n'ont usé* de leur pouvoir, que pour faire du bien aux hommes.

Quand le participe paſſif communique ſon régime à un autre verbe, qui eſt ordinairement à l'infinitif, & que la liaiſon qui ſe trouve entr'eux eſt indiſſoluble, ou que l'on ne peut les ſéparer ſans altérer le ſens de la phraſe ; alors ces participes, quoique précédés de leur régime abſolu, redeviennent indéclinables.

EXEMPLES.

N'êtes-vous pas dans les ſentiments de profiter des bonnes leçons que vous *avez entendu réciter* ?

Pourquoi vous êtes-vous écarté des principes que vous *avez commencé à ſuivre* ?

Il arrive ſouvent que l'on retombe dans les fautes, & même dans les vices, que l'on avoit *réſolu d'éviter.*

On voit bien que ſi l'on ſépare le participe, *entendu*, du verbe infinitif *ré-*

citer, la phrase peut alors avoir deux sens différents du sens primitif ; car, des *leçons entendues*, ou des *leçons récitées*, ou des *leçons entendues réciter*, sont trois sens absolument différents. Il en est ainsi des autres phrases.

Mais, quand on peut considérer le verbe & le participe sous deux sens différents, & que l'on peut les séparer l'un de l'autre, sans changer absolument le sens de la phrase : dans ce cas, les participes passifs sont déclinables ; ainsi il faut dire, toutes les affaires que *j'ai entreprises*. La résolution que *j'ai communiquée* à mon ami, de... On conçoit que l'on pourroit séparer le verbe du participe, ou le participe du verbe, & dire : *toutes les affaires que j'ai* ; ou *toutes les affaires entreprises*, &c.

Si le verbe *être*, qui précéde le participe passif, est mis pour les temps du verbe *avoir*, alors ces participes font déclinables ou indéclinables, dans le même cas où le font les participes, précédés des temps du verbe *avoir*.

EXEMPLES.

Lucrece *s'est donné* la mort, pour ne pas survivre à l'affront qu'elle avoit reçu de Tarquin ; c'est comme si je disois, Lucrece *a donné la mort à soi* ou *à elle*.

Caton *s'est tué*, pour ne pas tomber dans les mains de César ; c'est comme si je disois, Caton *a donné la mort à soi* ou *à lui*.

Les participes passifs *aimé*, *loué*, &c. s'unissent avec les verbes auxiliaires *avoir* & *être*, pour former des verbes actifs. Exemples. *J'ai aimé*, *j'ai loué*, *j'ai écrit* ; ces expressions sont inintelligibles par elles-mêmes. *J'ai*, signifie, dans ces occasions, je viens de faire que telle chose *existe*, *écrite par moi*. *J'ai aimé*, signifie, j'ai existé, dans l'état que l'on nomme ai-

mer. J'ai loué une maison, signifie, *j'ai existé*, comme *louant* une maison.

Du Gérondif.

LE gérondif est une inflexion du verbe, par laquelle on marque, dans une même phrase, un rapport de dépendance avec un autre verbe principal ; il désigne l'état du sujet auquel il se rapporte, le fondement de l'action, une maniere, un moyen de parvenir à une chose.

EXEMPLES.

Henri IV avoit l'esprit pénétrant & le cœur excellemment bon ; *agissant* toujours par des vues d'humanité ; *supportant* aisément le froid & la faim ; *surmontant*, avec patience, les incommodités de la vie.

On ne peut parvenir à l'espece de bonheur qui dépend de l'homme, qu'en *restreignant* ses besoins ; en *contribuant* de tout son pouvoir au bien de la société, & en *s'accoutumant* de bonne heure, à n'estimer les choses que ce qu'elles valent ; c'est - à - dire, peu de chose.

Les personnes sensées, *estimant* nécessaire l'étude des sciences, s'y appliquent d'une maniere particuliere.

Dans les deux premieres phrases, les gérondifs désignent l'état du sujet ; dans la troisieme, le gérondif *estimant*, signifie, en cette occasion, parce qu'ils *estiment*.

La préposition *en*, peut toujours être mise avant quelque gérondif que ce soit, excepté avant les gérondifs, *ayant*, *étant* Exemples. Ce n'est pas *en* se *livrant* à ses passions que l'on vit content, c'est *en* les *réglant*.

Ne manquez jamais, *en passant* devant une personne que vous connoissez, de la saluer poliment.

Soyez perfuadé *qu'en étudiant* avec réflexion, vous vous formerez l'efprit & le cœur.

On n'acquiert la fageffe, *qu'en fuivant* les maximes de la raifon, *en* nous *approchant* de la nature, & *en fecouant* les préjugés honteux.

Le gérondif eft indéclinable, & n'admet jamais aucun changement dans fa terminaifon en *ant*, de quelque genre & de quelque nombre qu'il foit.

On ne peut jamais joindre cette prépofition *en*, au participe, fans changer le fens de la phrafe.

EXEMPLES.

Je vous ai vu *étudiant* l'hiftoire, ou je vous ai vu *en étudiant* l'hiftoire, font deux propofitions différentes.

Dans le premier cas, *étudiant* eft un participe, il fignifie, je vous ai vu dans le temps que vous étiez occupé à étudier l'hiftoire.

Dans le second cas, *étudiant* est un gérondif; il signifie, je vous ai vu dans le temps même, que j'étois occupé à étudier l'histoire.

Conjugaisons des Verbes.

COnjuguer un verbe, c'est réciter dans un certain ordre, toutes les différentes terminaisons de ce verbe.

On distingue quatre sortes de conjugaisons principales, qui sont établies pour servir de modeles pour les autres verbes réguliers.

La premiere conjugaison, comprend tous les verbes, dont l'infinitif est en *er* : comme, *aimer, chanter,* &c.

La seconde conjugaison, comprend tous les verbes, dont l'infinitif est en *ir* : comme, **convenir,** *finir,* &c.

La troisieme conjugaison, comprend tous les verbes, dont l'infinitif est en *oir* : comme, *concevoir, pouvoir*, &c.

La quatrieme conjugaifon, comprend tous les verbes, dont l'infinitif eft en *re* : comme, *rendre, prétendre*, &c.

Il y a dans notre langue deux verbes, qui fervent à conjuguer la plus grande partie des autres verbes : ce font les verbes auxiliaires *avoir* & *être*.

Nous allons expofer les conjugaifons de ces deux verbes ; nous y joindrons un fubftantif, avec fon article, alternativement au mafculin & au féminin, ou un participe, afin de faire connoître que le verbe *j'ai*, avec un fubftantif, marque un préfent ; & avec un participe, ce même verbe *j'ai*, marque un paffé.

A la fuite des temps du verbe *être*, nous mettrons le participe *aimé* ; par ce moyen on aura le paffif du verbe *aimer*, & l'on fentira aifément l'emploi des verbes auxiliaires.

CONJUGAISON DU VERBE
AVOIR.
INDICATIF.

Singuliers.	*Pluriels.*

PRÉSENT.

J'ai une rofe.	Nous avons.
Tu as.	Vous avez.
Il *ou* elle a.	Ils *ou* elles ont.

IMPARFAIT.

J'avois.	Nous avions.
Tu avois.	Vous aviez.
Il avoit.	Ils avoient.

PARFAIT INDEFINI.

J'ai eu.	Nous avons eu.
Tu as eu.	Vous avez eu.
Il a eu.	Ils ont eu.

PARFAIT DEFINI.

J'eus.	Nous eûmes.
Tu eus.	Vous eûtes.
Il eut.	Ils eurent.

PLUS-QUE-PARFAIT.

J'avois eu.	Nous avions eu.
Tu avois eu.	Vous aviez eu.
Il avoit eu.	Ils avoient eu.

Singuliers.   *Pluriels.*

FUTUR.

J'aurai.	Nous aurons.
Tu auras.	Vous aurez.
Il aura.	Ils auront.

FUTUR PASSÉ.

Quand J'aurai eu.	Nous aurons eu.
Tu auras eu.	Vous aurez eu.
Il aura eu.	Ils auront eu.

CONDITIONNEL PRESENT.

J'aurois.	Nous aurions.
Tu aurois.	Vous auriez.
Il auroit.	Ils auroient.

CONDITIONNEL PASSÉ.

J'aurois eu	Nous aurions eu.
Tu aurois eu.	Vous auriez eu.
Il auroit eu.	Ils auroient eu.

Ou bien.

J'eusse eu.	Nous eussions eu.
Tu eusses eu.	Vous eussiez eu.
Il eût eu.	Ils eussent eu.

IMPERATIF.

	Ayons.
Aie.	Ayez.
Qu'il ait.	Qu'ils aient.

Singuliers.	*Pluriels.*

SUBJONCTIF.

Il faut

Que j'aie.	Que nous ayons.
Que tu aies.	Que vous ayez.
Qu'il ait.	Qu'ils aient.

IMPARFAIT.

Il falloit

Que j'eusse.	Que nous eussions.
Que tu eusses.	Que vous eussiez.
Qu'il eût.	Qu'ils eussent.

PARFAIT DEFINI.

Il a fallu

Que j'aie eu.	Que nous ayons eu.
Que tu aies eu.	Que vous ayez eu.
Qu'il ait eu.	Qu'ils aient eu.

PLUS-QUE-PARFAIT.

Il auroit fallu

Que j'eusse eu.	Que nous eussions eu.
Que tu eusses eu.	Que vous eussiez eu.
Qu'il eût eu.	Qu'ils eussent eu.

INFINITIF PRESENT.

Avoir une rose.

PRETERIT.

Avoir eu une rose.

PARTICIPE ACTIF.
Ayant une rofe.
PRETERIT.
Ayant eu une rofe.
PARTICIPE PASSIF.
Mafculin, eu. *Féminin*, eue.

GERONDIF.
Ayant.

CONJUGAISON DU VERBE
ÉTRE.
INDICATIF.

Singuliers.   *Pluriels.*

PRESENT.

Je fuis aimé.	Nous fommes.
Tu es.	Vous êtes.
Il eft.	Ils font.

IMPARFAIT.

J'étois.	Nous étions.
Tu étois.	Vous étiez.
Il étoit.	Ils étoient.

PARFAIT DEFINI.

Je fus.	Nous fûmes.
Tu fus.	Vous fûtes.
Il fut.	Ils furent.

Singuliers.   *Pluriels.*

PARFAIT INDEFINI.

J'ai été.	Nous avons été.
Tu as été.	Vous avez été.
Il a été.	Ils ont été.

PLUS-QUE-PARFAIT.

J'avois été.	Nous avions été.
Tu avois été.	Vous aviez été.
Il avoit été.	Ils avoient été.

FUTUR.

Je serai.	Nous serons.
Tu seras.	Vous serez.
Il sera.	Ils seront.

FUTUR PASSÉ.

Quand J'aurai été.	Nous aurons été.
Tu auras été.	Vous aurez été.
Il aura été.	Ils auront été.

CONDITIONNEL PRESENT.

Je serois.	Nous serions.
Tu serois.	Vous seriez.
Il seroit.	Ils seroient.

CONDITIONNEL PASSÉ.

J'aurois été.	Nous aurions été.
Tu aurois été.	Vous auriez été.
Il auroit été.	Ils auroient été.

Singuliers.	Pluriels.

Ou bien.

J'eusse été.	Nous eussions été.
Tu eusses été.	Vous eussiez été.
Il eût été.	Ils eussent été.

IMPERATIF.

	Soyons.
Sois.	Soyez.
Qu'il soit.	Qu'ils soient.

SUBJONCTIF.

Il faut

Que je sois.	Que nous soyons.
Que tu sois.	Que vous soyez.
Qu'il soit.	Qu'ils soient.

IMPARFAIT.

Il falloit

Que je fusse.	Que nous fussions.
Que tu fusses.	Que vous fussiez.
Qu'il fût.	Qu'ils fussent.

PARFAIT DEFINI.

Il a fallu

Que j'aie été.	Que nous ayons été.
Que tu aies été.	Que vous ayez été.
Qu'il ait été.	Qu'ils aient été.

Singuliers.	*Pluriels.*

PLUS-QUE-PARFAIT.

Il auroit fallu

Que j'eusse été.	Que nous eussions été.
Que tu eusses été.	Que vous eussiez été.
Qu'il eût été.	Qu'ils eussent été.

INFINITIF PRESENT.

Être avec ses amis.

PRETERIT.

Avoir été à la campagne.

PARTICIPE ACTIF.

Etant avec ses amis.

PRETERIT.

Ayant été avec ses amis.

PARTICIPE PASSIF.

Être avec ses amis.

GERONDIF.

Etant avec ses amis.

PREMIERE CONJUGAISON.
INDICATIF.

Singuliers.	*Pluriels.*

PRESENT.

J'aime Angélique.	Nous aimons.
Tu aimes.	Vous aimez.
Il aime.	Ils aiment.

IMPARFAIT.

J'aimois.	Nous aimions.
Tu aimois.	Vous aimiez.
Il aimoit.	Ils aimoient.

PARFAIT DEFINI.

J'aimai.	Nous aimâmes.
Tu aimas.	Vous aimâtes.
Il aima.	Ils aimerent.

PARFAIT INDEFINI.

J'ai aimé.	Nous avons aimé.
Tu as aimé.	Vous avez aimé.
Il a aimé.	Ils ont aimé.

PLUS-QUE-PARFAIT.

J'avois aimé.	Nous avions aimé.
Tu avois aimé.	Vous aviez aimé.
Il avoit aimé.	Ils avoient aimé.

O

Singuliers.   *Pluriels.*

FUTUR SIMPLE.

J'aimerai.	Nous aimerons.
Tu aimeras.	Vous aimerez.
Il aimera.	Ils aimeront.

FUTUR PASSÉ.

Quand J'aurai aimé.	Nous aurons aimé.
Tu auras aimé.	Vous aurez aimé.
Il aura aimé.	Ils auront aimé.

CONDITIONNEL PRESENT.

J'aimerois.	Nous aimerions.
Tu aimerois.	Vous aimeriez.
Il aimeroit.	Ils aimeroient.

CONDITIONNEL PASSÉ.

J'aurois aimé.	Nous aurions aimé.
Tu aurois aimé.	Vous auriez aimé.
Il auroit aimé.	Ils auroient aimé.

Ou bien.

J'eusse aimé.	Nous eussions aimé.
Tu eusses aimé.	Vous eussiez aimé.
Il eût aimé.	Ils eussent aimé.

IMPERATIF.

	Aimons.
Aime.	Aimez.
Qu'il aime.	Qu'ils aiment.

Singuliers.	*Pluriels.*

SUBJONCTIF.

Il faut

Que j'aime.	Que nous aimions.
Que tu aimes.	Que vous aimiez.
Qu'il aime.	Qu'ils aiment.

IMPARFAIT.

Il falloit

Que j'aimasse.	Que nous aimassions.
Que tu aimasses.	Que vous aimassiez.
Qu'il aimât.	Qu'ils aimassent.

PARFAIT INDEFINI.

Il a fallu

Que j'aie aimé.	Que nous ayons aimé.
Que tu aies aimé.	Que vous ayez aimé.
Qu'il ait aimé.	Qu'ils aient aimé.

PLUS-QUE-PARFAIT.

Il auroit fallu

Que j'eusse aimé.	Que nous eussions aimé.
Que tu eusses aimé.	Que vous eussiez aimé.
Qu'il eût aimé.	Qu'ils eussent aimé.

INFINITIF PRESENT.
Aimer Angélique.
PRETERIT.
Avoir aimé Angélique.

O 2

PARTICIPE ACTIF.

Aimant Angélique.

PRETERIT.

Ayant aimé Angélique.

PARTICIPE PASSIF.

Masculin, aimé. *Féminin*, aimée.

PRETERIT.

Ayant été aimé, *ou* aimée.

GERONDIF.

En aimant, *ou simplement* aimant.

SECONDE CONJUGAISON.

INDICATIF.

Singuliers.	*Pluriels.*

PRESENT.

Je finis un.	Nous finiffons,
Tu finis.	Vous finiffez.
Il finit.	Ils finiffent.

IMPARFAIT.

Je finiffois.	Nous finiffions.
Tu finiffois.	Vous finiffiez.
Il finiffoit.	Ils finiffoient.

Singuliers.   *Pluriels.*

PARFAIT DEFINI.

Je finis.	Nous finîmes.
Tu finis.	Vous finîtes.
Il finit.	Ils finirent.

PARFAIT INDEFINI.

J'ai fini.	Nous avons fini.
Tu as fini.	Vous avez fini.
Il a fini.	Ils ont fini.

PLUS-QUE-PARFAIT.

J'avois fini.	Nous avions fini.
Tu avois fini.	Vous aviez fini.
Il avoit fini.	Ils avoient fini.

FUTUR SIMPLE.

Je finirai.	Nous finirons.
Tu finiras.	Vous finirez.
Il finira.	Ils finiront.

FUTUR PASSÉ.

Quand J'aurai fini.	Nous aurons fini.
Tu auras fini.	Vous aurez fini.
Il aura fini.	Ils auront fini.

CONDITIONNEL PRESENT.

Je fin'rois.	Nous finirions.
Tu finirois.	Vous finiriez.
Il finiroit.	Ils finiroient.

Singuliers.	*Pluriels.*

CONDITIONNEL PASSÉ.

J'aurois fini.	Nous aurions fini.
Tu aurois fini.	Vous auriez fini.
Il auroit fini.	Ils auroient fini.

Ou bien.

J'eusse fini.	Nous eussions fini.
Tu eusses fini.	Vous eussiez fini.
Il eut fini.	Ils eussent fini.

IMPERATIF.

	Finissons.
Finis.	Finissez.
Qu'il finisse.	Qu'ils finissent.

SUBJONCTIF.

Il faut

Que je finisse.	Que nous finissions.
Que tu finisses.	Que vous finissiez.
Qu'il finisse.	Qu'ils finissent.

IMPARFAIT.

Il falloit

Que je finisse.	Que nous finissions.
Que tu finisses.	Que vous finissiez.
Qu'il finit.	Qu'ils finissent.

PARFAIT DEFINI.

Il a fallu

Que j'aie fini.	Que nous ayons fini.

Singuliers. *Pluriels.*

Que tu aies fini. Que vous ayez fini.
Qu'il ait fini. Qu'ils aient fini.

PLUS-QUE-PARFAIT.

Il auroit fallu
Que j'eusse fini. Que nous eussions fini.
Que tu eusses fini. Que vous eussiez fini.
Qu'il eût fini. Qu'ils eussent fini.

INFINITIF PRESENT.
Finir ce que l'on a commencé.
PRETERIT.
Avoir fini.

PARTICIPE ACTIF.
Finissant ses affaires.
PRETERIT.
Ayant fini ses affaires.

PARTICIPE PASSIF.
Masculin, fini. *Féminin*, finie.
PRETERIT.
Ayant été fini, *ou* finie.

GERONDIF.
En finissant, *ou simplement* finissant.

TROISIEME CONJUGAISON.

INDICATIF.

Singuliers.   *Pluriels.*

PRESENT.

Je reçois un.	Nous recevons.
Tu reçois.	Vous recevez.
Il reçoit.	Ils reçoivent.

IMPARFAIT.

Je recevois.	Nous recevions.
Tu recevois.	Vous receviez.
Il recevoit.	Ils recevoient.

PRETERIT INDEFINI.

J'ai reçu.	Nous avons reçu.
Tu as reçu.	Vous avez reçu.
Il a reçu.	Ils ont reçu.

PRETERIT DEFINI.

Je reçus.	Nous reçumes.
Tu reçus.	Vous reçûtes.
Il reçut.	Ils reçurent.

PLUS-QUE-PARFAIT.

J'avois reçu.	Nous avions reçu.
Tu avois reçu.	Vous aviez reçu.
Il avoit reçu,	Ils avoient reçu.

FUTUR

Singuliers.   *Pluriels.*

FUTUR SIMPLE.

Je recevrai.   Nous recevrons.
Tu recevras.   Vous recevrez.
Il recevra.   Ils recevront.

FUTUR PASSÉ.

Quand J'aurai reçu.   Nous aurons reçu.
       Tu auras reçu.   Vous aurez reçu.
       Il aura reçu.   Ils auront reçu.

CONDITIONNEL PRESENT.

Je recevrois.   Nous recevrions.
Tu recevrois.   Vous recevriez.
Il recevroit.   Ils recevroient.

CONDITIONNEL PASSÉ.

J'aurois reçu.   Nous aurions reçu.
Tu aurois reçu.   Vous auriez reçu.
Il auroit reçu.   Ils auroient reçu.

Ou bien.

J'eusse reçu.   Nous eussions reçu.
Tu eusses reçu.   Vous eussiez reçu.
Il eût reçu.   Ils eussent reçu.

Singuliers.	*Pluriels.*

IMPERATIF.

	Recevons.
Reçois.	Recevez.
Qu'il reçoive.	Qu'ils reçoivent.

SUBJONCTIF.

Il faut

Que je reçoive.	Que nous recevions.
Que tu reçoives.	Que vous receviez.
Qu'il reçoive.	Qu'ils reçoivent.

IMPARFAIT.

Il falloit

Que je reçusse.	Que nous reçussions.
Que tu reçusses.	Que vous reçussiez.
Qu'il reçût.	Qu'ils reçussent.

PRETERIT.

Il a fallu

Que j'aie reçu.	Que nous ayons reçu.
Que tu aies reçu.	Que vous ayez reçu.
Qu'il ait reçu.	Qu'ils aient reçu.

PLUS-QUE-PARFAIT.

Il auroit fallu

Que j'eusse reçu.	Que nous eussions reçu.
Que tu eusses reçu.	Que vous eussiez reçu.
Qu'il eût reçu.	Qu'ils eussent reçu.

INFINITIF PRÉSENT.
Recevoir une rose.

PRETERIT.
Avoir reçu une rose.

PARTICIPE ACTIF.
Recevant une rose.

PRETERIT.
Ayant reçu.

PARTICIPE PASSIF.
Etant reçu, *ou* reçue.

PRETERIT.
Ayant été reçu, *ou* reçue.

GERONDIF.
En recevant, *ou simplement* recevant.

QUATRIEME CONJUGAISON.

INDICATIF.

Singuliers.   *Pluriels.*

PRÉSENT.

Je rends une.	Nous rendons.
Tu rends.	Vous rendez.
Il rend.	Ils rendent.

P 2

Singuliers.   *Pluriels.*

IMPARFAIT.

Je rendois.	Nous rendions.
Tu rendois.	Vous rendiez.
Il rendoit.	Ils rendoient.

PARFAIT INDEFINI.

J'ai rendu.	Nous avons rendu.
Tu as rendu.	Vous avez rendu.
Il a rendu.	Ils ont rendu.

PARFAIT DEFINI.

Je rendis.	Nous rendîmes.
Tu rendis.	Vous rendites.
Il rendit.	Ils rendirent.

PLUS-QUE-PARFAIT.

J'avois rendu.	Nous avions rendu.
Tu avois rendu.	Vous aviez rendu.
Il avoit rendu.	Ils avoient rendu.

FUTUR SIMPLE.

Je rendrai.	Nous rendrons.
Tu rendras.	Vous rendrez.
Il rendra.	Ils rendront.

Singuliers. *Pluriels.*

FUTUR PASSÉ.

Quand J'aurai rendu. Nous aurons rendu.
   Tu auras rendu. Vous aurez rendu.
   Il aura rendu. Ils auront rendu.

CONDITIONNEL PRESENT.

Je rendrois. Nous rendrions.
Tu rendrois. Vous rendriez.
Il rendroit. Ils rendroient.

CONDITIONNEL PASSÉ.

J'aurois rendu. Nous aurions rendu.
Tu aurois rendu. Vous auriez rendu.
Il auroit rendu. Ils auroient rendu.

Ou bien.

J'eusse rendu. Nous eussions rendu.
Tu eusses rendu. Vous eussiez rendu.
Il eût rendu. Ils eussent rendu.

IMPERATIF.

   Rendons.
Rends. Rendez.
Qu'il rende. Qu'ils rendent.

Singuliers.   *Pluriels.*

SUBJONCTIF.

Il faut

Que je rende.	Que nous rendions.
Que tu rendes.	Que vous rendiez.
Qu'il rende.	Qu'ils rendent.

IMPARFAIT.

Il falloit

Que je rendisse.	Que nous rendissions.
Que tu rendisses.	Que vous rendissiez.
Qu'il rendit.	Qu'ils rendissent.

PRÉSENT.

Il a fallu

Que j'aie rendu.	Que nous ayons rendu.
Que tu aies rendu.	Que vous ayez rendu.
Qu'il ait rendu.	Qu'ils aient rendu.

PLUS-QUE-PARFAIT.

Il auroit fallu

Que j'eusse rendu.	Que nous eussions rendu.
Que tu eusses rendu.	Que vous eussiez rendu.
Qu'il eût rendu.	Qu'ils eussent rendu.

INFINITIF PRÉSENT.

Rendre une rose.

PRETERIT.
Avoir rendu son compte.

PARTICIPE ACTIF.
Rendant compte.

PRETERIT.
Ayant rendu son compte.

PARTICIPE PASSIF.
Masculin, rendu. *Féminin*, rendue.

PRETERIT.
Ayant été rendu, *ou* rendue.

GERONDIF.
En rendant, *ou simplement* rendant.

DES CONSONNES.

LES consonnes ne peuvent se prononcer que quand elles sont jointes à des voyelles. Par exemple, dans le nom que l'on donne à la consonne *b*, on joint un *e* muet avec *b*, ce qui fait *be*. En prononçant *l*, on joint un *e* muet avec *l*, ce qui fait *le*; & quand on joint un *e* avec *m*, cela fait *me*, &c.

B,

Substantif masculin, la premiere des consonnes; il se prononce comme dans *radoub*; il ne se prononce point à la fin des mots *plomb*, *à plomb*; mais il se prononce à la fin des noms propres: comme, dans *Jacob*, *Job*, *Oleb*, *Caleb*, *Oreb*, &c.

Comme la consonne *b*, exprime dans la prononciation le cris de la brebis, les

Égyptiens la repréſentent ſous la forme de cet animal. Les Grammairiens du Levant, la nomment lettre labérale, parce que les levres ſervent beaucoup à ſa formation. On dit proverbialement, qu'un homme eſt marqué au *b*, pour dire qu'il eſt *borgne*, ou *boſſu*, ou *boiteux* : on entend par-là, que c'eſt un homme malin, & que les *boiteux* & les *boſſus* le ſont ordinairement.

C,

La ſeconde des conſonnes, ſubſtantif maſculin ; car on dit, **un *grand c*,** un *petit c.*

La conſonne *c*, a deux ſons, celui de *ce*, & celui de *que*. Le *c*, a le ſon de *ce*, avant *e*, *i* : comme, dans *ceci*, *Cicéron* ; mais il a celui de *que*, avant *a*, *o*, *u*, *l*, *r*, & toutes les fois qu'il finit une ſyllabe. Exemples. *Cabinet*, *cordon*, *Curé*, *crayon*, *clef*, *ſac*, *lac*, &c.

Quand il faut prononcer le *c* avant *a*,

o, *u*, comme on le prononce avant *e*, *i*, on met dessous cette petite figure ، , que l'on nomme cédille : comme, dans *leçon*, *reçu*, *façade*, *Maçon*, &c.

Le *c*, sonne ordinairement dans les noms propres & dans les monosyllabes : comme, dans *Isaac*, *pic*, *choc*, *Duc*, *bouc*; & il ne sonne point dans *broc*, *jonc*, *tabac*, *un clerc*, *le marc*, *le blanc*, *estomac*; mais il se prononce dans , *du blanc au noir*, *franc étourdi*, *franc animal* : comme s'il y avoit *du blan kau noir*, *fran kanimal*, *fran kétourdi*.

C, ne se prononce point dans *donc*, conjonction conclusive, excepté quand il commence une phrase, & qu'il est suivi d'une voyelle. Exemples. Il est *donc vrai*, Lucile, vous quittez ce hameau. Il est *donc arrivé*, cet événement imprévu.

C, en chiffre Romain, signifie 100.

D,

Substantif masculin ; car on dit , voilà

un *d* mal formé ; il se prononce comme dans *monde*, en supprimant *mon*. **D**, final, sonne dans les noms propres : comme, dans *David*, & il y conserve le son qui lui est propre : comme, *David* *étoit* un grand Roi ; il faut prononcer Davi *dé*toit un grand Roi.

D, ne sonne point dans *gond*, *nid*, *pied*, *muid* ; dans les autres mots, il sonne presque toujours, quand le mot suivant commence par une voyelle ; mais alors il prend le son du *t* : comme, *grand ami*, *grand âne*, il faut prononcer *gran tami*, *gran tâne*. *Grand homme*, pro-noncez, *gran thomme*.

D, en chiffre Romain, signifie 500.

F,

Substantif féminin, suivant l'ancienne appellation, qui prononce *effe* ; & cette consonne est au masculin suivant la mo-derne, qui prononce *feu*. Cette déno-mination, qui est la plus naturelle, est aujourd'hui la plus fuivie & la plus ufitée.

F, final, ne fonne point dans *chef-d'œuvre*, ni dans *bœuf*, *œuf*, quand ces mots font fuivis d'un adjectif qui commence par une confonne. Exemples. Du *bœuffalé*, un *œuf frais*, prononcez du *bœu falé*, un *œu frais*.

F, ne fe prononce point dans les pluriels de *bœufs*, *œufs*, ni dans *neuf*, fuivi d'un nom fubftantif, qui commence par une confonne : comme, *neuf piftoles*, *neuf cents* livres, il faut prononcer, *neu piftoles*, *neu cents* livres.

Si le fubftantif commence par une voyelle, alors *f*, dans *neuf*, fe prononce comme *ve*. Exemples. Il *a neuf ans*; *neuf* & fix font quinze; dix-*neuf hommes* : il faut prononcer *neu vans*; *neu vé* fix font quinze, *dix neu vhommes*.

F, chez les Romains & chez les Grecs, étoit le caractere dont les maîtres faifoient marquer les efclaves quand ils avoient pris la fuite. F°. se met pour *folio.*

G,

Substantif masculin, car on dit, un *grand g*, un *g* mal formé. La consonne *g*, a deux sons ; elle se prononce toujours avant *e, i* : comme, dans *genou*, *gibier* ; mais, avant *a*, *o*, *u*, *l*, *r*, & à la fin d'une syllabe, *g*, a le son de *gue*, & il se prononce comme dans *garder*, *gosier*, *glorieux*, *guenon*, &c. G, a encore le son de *gue*, dans les mots qui commencent par *gn* : comme, dans *Gnome* (*a*), *gnonique* (*b*).

Mais quand *gn*, ne commence pas

(*a*) Habitants imaginaires de l'intérieur du globe terrestre, qui président à tout ce que la terre renferme de plus précieux dans son sein.

(*b*) Partie des mathématiques, qui enseigne à tracer des cadrans solaires.

un mot, il se prononce comme dans *campagne*, *regnez*, *joignez*.

Quand il faut prononcer le *g*, avant *a*, *o*, *u*, comme on le prononce avant *e*, *i*, on met un *e*, entre le *g* & l'o, ou l'*a*, ou l'*u* : comme, dans *gageure*, *mangea*, *Géolier*; & pour donner au *g*, avant *e*, *i*, le même son rude qu'il a avant *a*, *o*, *u*, on met un *u*, après le *g*. Exemples. *Guérir*, *guêpe*, *guide*, &c.

Le *c* & le *g*, après une voyelle, dans la même syllabe, ont toujours le son rude. Exemples. *Défectueux*, *dicter*, *suggérer*, &c.

Le *g* final se prononce, dans les noms propres : comme, dans *Agog*. Il ne se prononce point dans *doigt*, *legs*, le *poirgt*, *vingt*, *étang*, &c.

G, final, a le son du *k*, quand le mot suivant commence par une voyelle : comme, il sua *sang* & *eau*, un *long ap-*

prentiſſage; il faut prononcer, il ſua *ſan kéau*, un *lon kapprentiſſage*.

Il y a quelques mots où le *c*, a le ſon du *g*; ce ſont, *Claude*, *cicogne*, *ſecond*, que l'on prononce, *Glaude*, *cigogne*, *ſgond*. On prononce de même, dans le langage familier, *ſecrétement*, *ſecret*, *ſecrétaire*, *ſecondement*.

H,

Subſtantif féminin, ſuivant l'ancienne appellation qui prononce *ache*; & maſculin, ſuivant la moderne, qui prononce cette conſonne comme une ſimple aſpiration, telle qu'on la prononce dans la premiere ſyllabe du mot *héros*.

On diſtingue deux ſortes d'*h*, l'une aſpirée & l'autre non aſpirée. La premiere, fait prononcer du goſier la voyelle dont elle eſt ſuivie : comme, dans *hargneur*, *honte*, *harnois*, *hurler*; la ſeconde n'ajoute rien à la voyelle qui ſuit.

Exemples. *Homme, honnête, humeur, honneur*, que l'on prononce comme s'il y avoit simplement, *ome, onête, umeur, oneur*, sans *h*.

On connoît qu'une *h* est aspirée, quand elle empêche l'élision de la voyelle qui suit ; comme :

Et ne laisse en lui que *le Héros*.
Un grand cœur ne connoît de tourment que
        la honte.

On ne pourroit pas dire, *l'héros*, ni *l'honte*, ni *l'haine*, en élidant ces *h*.

Dans le discours oratoire, & dans la poësie, on aspire l'*h* de *Henri* ; mais hors de là, elle n'est point aspirée.

Hollande, doit toujours s'aspirer, excepté dans toile d'*Hollande*, fromage d'*Hollande*.

L'*h*, dans *Hongrie*, doit toujours s'aspirer ; on dit & l'on écrit, de l'eau de la Reine *de Hongrie* ; du point *de Hongrie*.

Voici

Voici un petit tableau qui repréſente quelques mots les plus uſités, où l'h eſt aſpirée.

Hâble.	Haridelle.	Hollande.
Hacher.	Harnois.	Hongre.
Haie.	Haro.	Hongrie.
Haillon.	Harpe.	Honte.
Haïr.	Harpie.	Hoquet.
Haire.	Haſard.	Hormis.
Hâle.	Hâter.	Hotte.
Halle.	Haut.	Houblon.
Hallebarde.	Hennir.	Houer.
Hameau.	Héraut (*a*).	Houlette.
Hauche.	Hériſſer.	Houſſe.
Hanneton.	Héros (*b*).	Huſe

(*a*) *Héraut*, adjectif elliptique ; il ſignifie un Officier qui fait la publication de la paix ou de la guerre, & quelques autres cérémonies d'Etat : il n'a point de féminin.

(*b*) *Héros*, qui fait au féminin *Héroïne*, eſt le nom que l'on donne à celui ou à celle qui fait une action ſublime, tant phyſique que morale,

Q

Harcas.	Herfer.	Huguenot.
Harceler.	Hêtre,	Humer.
Hardes.	Heurter.	Huppe.
Hardi.	Hibou.	Hure.
Hareng.	Hideux.	Harlement.
Haricot.	Holà.	Hutte.

J,

Subftantif mafculin, que l'on nomme abufivement *i* confonne, & que dans l'appellation moderne on nomme *je*, comme dans la derniere fyllabe du mot *âge*. Cette confonne ne fe double point, & elle ne fe trouve jamais placée immédiatement avant une confonne.

L,

Subftantif mafculin, fuivant l'appellation moderne, qui prononce cette confonne comme dans *fi elle*, c'eft-à-dire, *le*; & fuivant l'ancienne, cette confonne eft au féminin, & fe prononce *elle*.

L, final, se prononce ordinairement : comme, dans *Abel*, *miel*, *sel*, *Paul*.

L, ne se prononce point dans *baril*, *gril*, *chenil*, *fusil*, si ce n'est en vers.

Le *babil éternel*, nouvéliste du blâme.

L, ne se prononce point dans *fils*, ni dans *Gentil-homme*.

Dans la conversation, *il* & *ils*, se prononcent comme *i* ; *il mange*, *ils viennent*, il faut prononcer, *i mange*, *i viennent*.

Quand *il*, est suivi d'une voyelle, alors *l*, se prononce : *il aime*, *il étudie* ; mais *ils aiment*, *ils étudient*, se prononcent, *i zaiment*, *i zétudient*.

L, est dite mouillée quand elle est précédée d'un *i*, ou qu'elle est au milieu d'un mot, & quelquefois à la fin : comme, dans *Avril*, *péril*, *vaillant* ; mais elle n'est pas mouillée dans *subtil*, *vil*, *ville*, *tranquille*. **L**, n'est jamais mouillée

au commencement d'un mot. Exemples,
illuſtre, *illégitime*.

Il faut bien ſe garder de prononcer *l*
mouillée dans ces mots, *meilleur*, *tail-*
leur, *travailler*, &c. comme s'il y avoit,
mélieur ou *meyeur*, *talieur* ou *tayeur*,
travalier ou *travayer*, &c.

L, en chiffre romain, ſignifie 50.

M,

Subſtantif maſculin, ſuivant l'appellation moderne, qui prononce *me* : comme, dans *Rome*, en ſupprimant *ro* ; &
ſubſtantif féminin, ſuivant l'ancienne,
qui prononce *eme*.

M, à la fin d'un mot, conſerve toujours le ſon naſal. Exemples. *Adam*,
nom, *pronom* ; mais à la fin des noms
propres, elle ſe prononce entiérement
quand elle eſt précédée des voyelles *e*, *i*.
Exemples. *Jéruſalem*, *Sem*, *Ephraim*.

M, ne ſe prononce point dans *damner*,
ſolemnel, & dans leurs dérivés, *dam-*

nable, *damnation*, *condamnation*, *folemniſer*; on prononce, *dané*, *folaniſer*, *condanation*.

Quand *im*, eſt ſuivi d'une *m*, & *in*, d'une *n*, on prononce alors *im* & *in*, avec le ſon de l'*i* : comme, dans *immobile*, *immaculer*, *immortel*, que l'on prononce, *emobile*, *imaculer*, *imortel*. *Innocent*, *innover*, *innombrable* ; il faut prononcer, *inocent*, *inover*, *inombrable*.

M, en chiffre Romain, ſignifie 1000.

N,

Subſtantif féminin, ſuivant l'ancienne appellation, qui prononce *ene* ; & maſculin, ſuivant la moderne, qui prononce *ne* : comme dans la derniere ſyllabe du mot *None*.

N, final, ne ſe prononce point dans les noms ſubſtantifs, ni dans les adverbes, quoique le nom ſuivant commence par une voyelle ; ainſi, il faut dire, *intention excellente*, *pain exquis*, *perſonne non éclairée* ; & ne pas prononcer ; *intention nexcellente, pain rexquis, perfonne no néclairées.* N, dans ces occafions, conferve le fon nafal, & fe prononce comme s'il y avoit une confonne avant elle.

N, final, fe prononce à la fin d'un nom adjectif, fuivi d'un fubftantif qui commence par une voyelle ou par une *h* non afpirée : comme, *mon ami, un bon étui, il a bon pied bon œil, un ancien hiftorien* ; il faut prononcer, *mo nami, un bo nétui, bo nœil, u nancien nhiftorien.*

N, fe prononce dans *on, en, bien, rien*, quand le mot fuivant commence par une voyelle, & qu'ils doivent être prononcés tout de fuite : comme ; *on apprend en étudiant, un livre bien écrit, il eft bien agréable, je ne fais rien autre chofe.*

Mais l'on prononce l'*n*, avec le fon nafal dans *ira-t-on à* Rome, *donnez-en un* qui foit bon, je ne fais *rien autre* chofe, ou je ne fais *rien*, ou je fais peu de chofes.

P,

Subftantif mafculin, il fe prononce comme dans *Pape*, en fupprimant *pa*.

Le *P*, final, ne fe prononce pas ordinairement. Exemples. Un *camp étendu*, un *drap excellent*, un *loup effroyable*.

P, final, fe prononce dans *beaucoup*, *trop*, *cap*, quand le mot fuivant commence par une voyelle ou par une *h* non afpirée : comme, *le cap au vent*, j'ai *beaucoup aimé*, vous êtes *trop heureux*.

P, ne fe prononce point dans *baptéme*, *baptifer*, *exempt*, *comptant*, *Sculpteur*, *fept*, &c. mais il fe prononce dans *baptifmal*, *exemption*, *rédemption*, *feptante*, *feptembre*, *feptuagénaire*.

Les Négociants & les Banquiers fe fervent du *P*, pour fignifier protefter,

ou payer. P$\frac{o}{o}$, signifie pour cent, &
P$\frac{oo}{oo}$, signifie pour mille.

K,

Substantif masculin, que l'on prononce ordinairement *kas* ; mais, suivant
l'appellation moderne, on prononce *que*,
comme le *c dur* : on s'en servoit autrefois
dans quelques mots : comme, dans *ka-*
lende, *kalendrier*, que l'on écrit présen-
tement *calende*, *calendrier* ; on s'en sert
encore aujourd'hui dans quelques noms
propres : comme, dans *Stockolm*, la
Nouvelle-York, *Dunkerque*, &c.

Q,

Substantif masculin, il se prononce
comme dans *barque*, en supprimant, *bar*.

Quand le *que* a la signification du *k*,
il est toujours suivi de la voyelle *u* :
comme, dans *quittance*, *quantité quo-*
tidien, à moins qu'il ne soit à la fin d'un
mot ; comme, dans *cinq*, *coq*. Le *que*,

ne

ne fonne point dans *coq d'inde* , ni dans *cinq* , fuivi d'une confonne : comme dans, il y a *cinq volumes* , *cinq perfonnes* ; mais le *que* , fonne dans *cinq* , fuivi d'un mot qui commence par une voyelle ou par une *h* non afpirée : comme , *cinq anges* , *cinq hommes*. Il fonne encore à la fin d'une phrafe : comme, ils *etoient cinq* , nous en *perdons cinq* , &c.

Equateur , *aquatique* , *quadrupede* ; il faut prononcer, *écouateur* , *acouatique* , *couadrupede*.

R,

Subftantif mafculin , fuivant l'appellation moderne , qui prononce *re* : comme, dans *rare* ; & *r* , eft féminin , fuivant l'appellation ancienne , qui prononce *erre*.

R , final , fe prononce , 1° , dans *car* , *par* , *cher* , *mer*. 2°. Dans tous les mots terminés en *oir* : comme, dans *pouvoir* , *concevoir* , *efpoir* , &c. 3°. Dans tous les mots qui font terminés en *ar*, *air*, *er*, *or*, *eur*, *ur*, *our* : comme, dans *colmar*, *éclair*, *Procureur*, *obscur*, *retour*, excepté dans *Monsieur*.

R, final, ne fonne point dans les mots terminés en *er*, *ier* : comme dans, *Boulanger*, *Pâtissier*, *soulier*, excepté dans *cancer*, *amer*, *hyver*.

R, final, ne fonne point dans les mots terminés en *er*, *ir*, quand ils font fuivis d'une confonne : comme dans, *donner du pain*, *finir cette affaire* ; il faut prononcer, *donné du pain*, *fini cette affaire*.

Dans le difcours familier, on ne doit point prononcer l'*r* final avant une voyelle : comme dans, *on ne peut chanter & rire* ; on prononce, on ne peut *chanté & rire*. Mais dans le difcours foutenu, & fur-tout dans les vers, on prononce l'*r* final, quand le mot fuivant commence par une voyelle, ou par une *h* non afpirée.

EXEMPLES.

De sa puiſſance immortelle,
Tout parle, tout inſtruit ;
Le jour au jour la révele,
La nuit l'annonce à la nuit.
Ce grand & ſuperbe ouvrage ;
N'eſt point, pour l'homme un langage
Obſcur & myſtérieux;
Son admirable ſtructure,
Eſt la voix de la nature,
Qui ſe fait entendre aux yeux.

Dans la converſation, *r* ne ſe prononce point dans *notre*, *votre*, ſuivis
l'un mot qui commence par une conſonne : comme dans, *notre maiſon*, *votre
cheval*; il faut prononcer *note maiſon*,
vote cheval, excepté dans *Notre-Dame*.

R, ſe prononce dans *notre*, *votre*,
pronoms poſſeſſifs abſolus, quand le mot
ſuivant commence par une voyelle ou
par une *h* non aſpirée : comme dans,
notre ami, *notre enfant*, *votre honneur*.

Dans les vers, *r*, ſe prononce toujours

dans *notre*, *votre* : comme dans *notre* erreur est *extrême*.

Dans le commerce, *R*, signifie reçu.

S,

Substantif féminin, suivant l'ancienne appellation, qui prononce *esse* ; & cette consonne est masculin, suivant la moderne, qui prononce *se* ou *ze* : comme dans les dernieres syllabes des mots, Perse, visage.

S, se prononce avec le son du *z*, quand il est entre deux voyelles, ou entre une voyelle & un *b*, ou entre une voyelle & un *d*. Exemples. *Oser, Presbytere, Asdrubal.*

S, a ordinairement la prononciation forte du *c* : comme dans, *salut, silence.*

Sc, au commencement d'un mot, suivi d'un *e* ou d'un *i*, a le son du *ce*, ou de *se*. Exemples. *Science, scene, sceller, sceptique*, &c.

Sc, avant *a*, *o*, *u*, *l*, *r*, forme des

mots qui ont chacun leur son propre. Exemples. *Scapulaire*, *scribe*, *scorpion*, *esclavage*, *scrupule*, &c.

Le premier *s*, ne sonne point dans *schisme* *schismatique*. Le second, se prononce dans ces mots, ainsi que dans les autres mots terminés en *isme* : comme dans *judaïsme*, *catéchisme*, &c.

S, final, se prononce dans *as*, terme de jeu, & dans les autres mots latins, adoptés dans le françois : comme dans, *momus*, *bibus*, *sinus*, &c.

S, final, se prononce comme un *z*, quand le mot suivant commence par une voyelle ou par une *h* non aspirée. Exemples. Nous *y* allons dès *à* présent ; nous nous *y* trouverons ; quand nous *irons* ; mes *enfants* ; mes *affaires*.

AUTRE EXEMPLE.

Ainsi que le cours des années,
Se forme de jours & de nuits,
Le cercle de nos destinées,

Eſt marqué de joies & d'ennuis.
Le Ciel, par *un ordre équitable*,
Rend l'*un à* l'autre profitable;
Et dans ſes *inégalités*,
Souvent la Sageſſe ſuprême,
Sait tirer notre bonheur même,
Du ſein de nos calamités.

T,

Subſtantif maſculin, ſe prononce comme dans *porte*; il conſerve ordinairement le ſon qui lui eſt propre : comme dans *bonté*, *vertu*.

Ti, ſe prononce comme *ci*, quand il eſt ſuivi d'un *a*, ou d'un *e*, ou d'un *o*; comme, dans *partial*, *ambition*, *patience*, que l'on prononce *parcial*, *ambicion*, *pacience*.

Excepté, 1°, quand *tie*, *tié*, *tier*, ſe trouve à la fin d'un mot : comme dans, *partie*, *amitié*, *métier*.

2°. Quand *ti*, eſt précédé d'un *s*, ou d'un *x* : comme dans, *baſtion*, *queſtion*, *mixtion*. On prononce avec le ſon du *c*, *primatie*, *aristocratie*, *ineptie*, *initier*, *prophétie*, *balbutier*.

T, final, se prononce toujours dans *brut*, *fat*, *correct*, *pact*; entre le *zist* & le *zest*.

Mais *gt*, ne sonne point dans ils étoient *vingt*, ni dans quatre-*vingt-quatre*, quatre-*vingt-deux*, quatre-*vingts* éléphants, quatre-*vingts hommes*, &c.

T, final, sonne dans *sept*, *huit*, quand ils se trouvent à la fin d'une phrase, & qu'ils sont suivis d'une voyelle : comme dans, nous en avons *sept*; nous en perdons *huit*; il y avoit *sept hommes*, ils étoient *sept à* payer ; il *vint à huit heures*.

T, final, ne sonne point dans *sept*, *huit*, quand le mot suivant commence par une consonne : comme, *sept canons*, *huit bastions*, *huit volumes*, &c.

V,

Substantif masculin, que l'on nomme

R 4

abuſivement *u* conſonne , & que dans l'appellation moderne, on nomme *ve*, comme dans la derniere ſyllabe du mot *rave*.

V, en chiffre Romain, ſignifie 5.

V, dans la ſainte Ecriture, ſignifie *verſet*.

En terme d'Imprimeur, V°. ſignifie *folio verſo*, ou le ſecond côté d'une page, dont le premier eſt nommé *recto*.

X,

Subſtantif maſculin, ſuivant l'ancienne appellation, on le nomme *icſe*; & ſuivant la moderne , on le nomme *xe*, comme dans les dernieres ſyllabes des mots *axe*, *fixe*, &c.

X, eſt une lettre double, qui, dans quelques mots, a le ſon du *c* & du *ſ*, comme dans, *taxer*, *fixer*, *Alexandre*.

X, a auſſi la prononciation forte du *z* & du *g* : comme dans, *examen*, *exem-*

ple, *exiger*, que l'on prononce *egziger*, *egzamen*, *egzemple*.

X, a la prononciation forte du *ſ*, dans les mots *ſix*, *dix*, *ſoixante*; & la prononciation forte du *z*, dans les mots, *deuxieme*, *ſixieme*, *ſixain*.

Ex, a le ſon de *eſſè*, quand il eſt ſuivi de *ca*, *co*, *cu*, comme dans *excavation*, *excuſé*, *excoriation*, que l'on prononce comme s'il y avoit, *eſſcavation*, *eſſcuſé*, *eſſcoriation*.

Ex, ſuivi de *ce*, ou de *ci*, a le ſon du *k*: comme dans, *exceller*, *exciter*, que l'on prononce, *ekceller*, *ekciter*.

X, final, ſe prononce comme un *z*, quand le mot ſuivant commence par une voyelle, ou par une *h* non aſpirée : comme, les choux étoient bons ; heureux *enfants*! vous vous faites de doux amuſements ; le monde eſt plein de faux amis, ſix *hommes*, dix - *huit*, dix *hommes*.

Z,

Subſtantif maſculin, l'appellation ancienne le nomme *zede* ; mais la moderne
nomme cette conſonne *ze* : comme dans
la derniere ſyllabe des mots *onze, douze,
topaze*, &c.

Z, a le ſon de l'*e* fermé dans *nez,
chez* ; & dans toutes les ſecondes perſonnes des pluriels des verbes : comme,
*vous aimez, vous jouez, vous chantez,
vous parlez* trop bas.

CH,

Se prononce ordinairement, comme
dans *chûte, charité*.

Ch, ſuivi de *l*, ou d'un *r*, a toujours le ſon du *k* : comme, dans *Chriſt,
Chloris*.

Ch, a encore le même ſon dans
les mots dérivés du grec : comme

dans, *Achab*, *Cham*, *chronique* (*a*).

PH,   RH,   TH,

Ont le fon des confonnes *f*, *t*, *r*, comme dans les mots, *philofophie*, *rhétorique*, *théorie*, qui font des mots dérivés du Grec.

(*a*) Hiftoire dreffée fuivant l'ordre des temps.

On nomme figurément *chronique* fcandaleufe, les mauvais bruits, les difcours médifants. Exemple. Cette femme voudroit paffer pour prude; mais la *chronique* fcandaleufe n'en parle pas ainfi.

On nomme auffi *chronique*, une maladie qui dure long-temps, & difficile à guérir.

DE L'ORTHOGRAPHE.

L'Orthographe eſt la ſcience qui nous enſeigne la maniere d'écrire correctement tous les mots d'une Langue ; elle nous fait connoître, par raiſonnement, les principes communs à toutes les Langues, & particuliérement les principales regles de la Langue Françoiſe.

L'orthographe de la Langue Françoiſe ſe diviſe en orthographe de principes & en orthographe d'uſage. La premiere, eſt fondée ſur les principes mêmes de la Langue, dont on ne peut donner des regles générales : cette connoiſſance ne peut s'acquérir que par une étude particuliere d'une bonne Grammaire.

La ſeconde, s'apprend par la lecture réfléchie de bons livres. On ne peut pas donner de regles générales, ſuivant leſquelles les ſyllabes d'un mot s'écrivent d'une maniere plutôt que d'une autre, sans autre raison que celles de l'usage; ainsi, l'usage veut que l'on écrive *honneur* avec deux *nn*, & *honorer* avec une seule.

On écrit *fils* avec une *l*, pour conserver l'étymologie du mot latin *filius*. On a retranché le *ç* de *sçavoir*, de maniere que l'on écrit *savoir*; mais on l'a conservé dans le mot *science*.

Noms de nombres.

Il n'y a que *vingt* & *cent* de noms de nombres absolus, qui prennent une *s* quand on parle de plusieurs *vingts*, ou de plusieurs *cents*.

Vingt, au pluriel, n'est terminé par une *s*, que quand il est immédiatement suivi d'un nom substantif: comme, quatre-*vingts chevaux*; cent quatre-*vingts pistoles*; quatre - *vingts ans*, six *vingts hommes*.

Vingt, s'écrit toujours sans *s*, quand

il précéde un autre nom de nombre : comme, quatre-*vingt-deux*, quatre-*vingt-dix*, quatre - *vingt - dix* ans , quatre-*vingt-troisieme*.

Mille, ne prend jamais d'*s* ; il faut écrire un *mille*, deux *mille*, &c. On ne se sert de *mil*, que lorsque l'on marque l'année courante depuis une époque : comme, l'an *mil* sept cent quatre-vingt-huit, le 12 Septembre après midi, depuis la naissance de Jesus-Christ ; cent ne prend point d'*s* dans cette occasion, quoique précédé de *sept*, parce que l'on n'y parle que d'une année.

La, ou *Là*.

La, s'écrit toujours sans accent grave, quand il est article, ou pronom relatif, ou substantif ; un *la*, *note de musique*. Exemples. Rien n'est si chere que l'honneur, *la* vie & *la* liberté ; cependant on risque ces choses , avec une forte d'indifference qui fait honte au bon sens.

La vertu eſt tout, & elle n'eſt rien ; elle eſt tout pour ceux qui *la* chériſſe, & elle n'eſt rien pour ceux qui *la* mé-priſe. Dans cette phraſe, le premier *la* eſt un article, il déſigne le ſingulier féminin ; & les deux autres ſont rela-tifs, ils ont pour antécédent le ſubſtantif *vertu.*

Là, s'écrit avec l'accent grave, quand il eſt employé comme adverbe de lieu, ou, qu'étant à la ſuite d'un article dé-monſtratif, il ſert à montrer ou à in-diquer quelque objet ; ainſi, l'on écrit, que faites-vous *là* ? Celle-*là* ; cet homme-*là* ; cette femme-*là* ; celui-*là*.

Le grand défaut du François, eſt d'être long-temps jeune ; par-*là* il paroît ai-mable, & rarement ſûr.

Du, ou *Dû*.

Du, s'écrit toujours ſans accent cir-conflexe, quand il eſt article, & il prend l'accent circonflexe, quand il eſt participe du verbe je *dois*, tu *dois*, il ou elle *doit*, infinitif, *devoir*. Exemple. C'eſt une habitude qui prépare beaucoup d'ennui, que celle de ne regarder jamais au deſſous de ſoi ; tous les Grands l'ont : il n'y a que *du* plus ou *du* moins.

Mais il faut écrire, vous auriez *dû* renoncer plutôt au jeu. Les premiers Phyſiciens qui ont paru, ont *dû* paſſer pour des ſorciers, aux yeux *du* peuple ignorant.

Dû, s'écrit encore avec l'accent circonflexe, quand il eſt pris ſubſtantivement. Exemple. *Mon dû*, *ſon dû*, *votre dû*, &c.

Quand le participe *dû* eſt au pluriel, l'accent circonflexe eſt inutile ; ainſi, l'on écrit les honneurs qui vous ſont *dus*.

Des, ou *Dès*.

Des, s'écrit toujours ſans accent grave, quand il eſt article ou prépoſition ; mais il prend l'accent grave, quand il eſt conjonction

jonction périodique, & il se prononce alors plus ouvert ; ainsi l'on dit, connoître la valeur *des* belles actions & *des* grandes vertus , c'est presque en être capable.

Au lieu qu'il faut écrire, un jeune homme studieux doit se lever *dès* le point du jour. *Dès* que j'aurai finis mes affaires, je vous le ferai savoir.

EXEMPLE.

Dès que vous mettez en ménage
La paresse & l'orgueil, sans fonds ni revenu ;
Comptez sur le libertinage ,
Il sera bientôt venu.

A , ou *à*.

A , faisant un seul mot, s'écrit toujours sans accent grave, quand il est verbe à la troisieme personne du singulier du présent de l'indicatif ; & avec l'accent grave, quand il est article ou préposition : comme, il y *a* moins de gloire *à* vaincre un ennemi , qu'*à* lui pardonner quand on l'*a* vaincu.

C'eſt *à* la bouſſole que nous ſommes redevables de la découverte du nouveau monde.

A, prépoſition, qui, ſelon les mots auxquels elle ſe joint, reçoit diverſes ſignifications, dont les principales peuvent ſe réduire aux prépoſitions ſuivantes, *après*, *avec*, *dans*, *en*, *par*, *pour*, *ſelon*, *ſuivant*, *ſur*, *vers*, &c.

A, prépoſition, dans la ſignification d'*avec*.

Travailler *à* l'éguille, gagner *à* la pointe de l'épée ; aller *à* voiles & *à* rames ; vivre *à* peu de frais ; bâtons *à* deux bouts ; couteau *à* reſſort ; clou *à* crochet ; chapeau *à* grand bord ; marcher *à* petit bruit.

A, dans la ſignification d'*après*.

Aller pas *à* pas ; arracher brin *à* brin ; dire mot *à* mot ; compter ſou *à* ſou ; manger morceau *à* morceau.

A, dans la signification de *dans* ou de *en*.

Vivre *à* Paris ; retourner *à* la ville ; jeter *à* la riviere ; se promener *à* la campagne ; il y viendra *à* son rang ; être *à* sa place.

A, dans la signification de *par*.

Obtenir *à* force de prieres ; on juge *à* sa mine ; on voit *à* l'air dont il s'y prend ; aller *à* courbette.

A, dans la signification de *pour*.

Prendre *à* témoins ; inviter *à* dîner ; une fille *à* marier ; avoir quelque chose *à* bon marché ; tenir *à* honneur ; on eut bien de la peine *à* lui faire entendre ; une selle *à* tous chevaux ; un conte *à* dormir debout.

A, dans la signification de *selon* ou de *suivant*.

Un habit *à* la mode ; bâtir *à* la maniere d'Italie ; vivre *à* sa fantaisie ; cela n'est pas *à* son goût, *à* ce que je vois ;

S 2

fuivant ce que vous dites, ou *à* ce que vous dites.

A, dans la fignification de *fur*.

Monter *à* cheval ; mettre pied *à* terre ; *à* peine de la vie ; un oifeau qui fe bat *à* la perche.

A, dans la fignification de *vers*.

Il tire *à* fa fin ; venez *à* moi ; aller *à* lui.

A, entre deux noms de nombres, fignifie *environ* ; ainfi, on dit, un homme de quarante *à* cinquante ans ; une troupe de fept *à* huit cens hommes.

A, s'écrit auffi fans accent grave, quand il eft fubftantif : alors il fe prononce comme une voyelle longue : un grand *a* ; une panfe d'*a*. On dit d'un ignorant, qu'il ne fait ni *a* ni *b*.

Avenir, ou *à venir*.

Le premier de ces deux mots eft un fubftantif, au fingulier mafculin, fans pluriel : il n'a pas de féminin. Exemple. Il faut pratiquer la vertu dès fa tendre jeuneſſe, ſi l'on veut ſe procurer un *avenir* heureux. Il n'y a que Dieu qui connoiſſe l'*avenir*.

Le ſecond, eſt le verbe de la ſeconde conjugaiſon; je *viens*, tu *viens*, il ou elle *vient*, &c. Infinitif, *venir*, avec la prépoſition *à*. Exemples. On jouit du préſent, on ſe ſouvient du paſſé, & l'on prévoit le temps *à venir*.

Je vous conſeille, en ami, de travailler *à l'avenir*, pour le temps *à venir*.

Ce, ces, ou *ſe, ſes.*

Ce, par un *c*, eſt un article démonſtratif, joint ordinairement à un nom qui exprime la choſe qu'il ſert à indiquer. Exemples. Le meilleur uſage que l'on peut faire d'une fortune, c'eſt d'en faire part au mérite indigent ; mais il ne faudroit pas faire eſſuyer ni *ces* humiliations, ni *ces* obligations inſupportables.

Et *ſe*, par une *ſ*, eſt un pronom perſonnel, toujours joint à un verbe. Exemples. L'art de cacher *ſes* défauts, eſt un art néceſſaire à qui veut *ſe* faire une bonne réputation : il n'en faut qu'un pour ternir un grand mérite.

Ces, par un *c*, eſt le pluriel de *ce*, article démonſtratif; *ſes*, par une *s*, eſt le pluriel de *ſon*, *ſa*, pronoms poſſeſſifs abſolus, toujours joints à un nom qui marque la poſſeſſion de quelque choſe exprimée par ce nom. Exemples. Que ſont devenus *ces* Conquérants, que l'homme aveugle mettoit au nombre de *ſes* Dieux?

Leur ou *Leurs*.

Leur, eſt indéclinable, & ne prend jamais d'*s* à la fin, quand il eſt pronom relatif, c'eſt-à-dire, quand il eſt joint à un verbe, & qu'il peut ſe tourner par *à eux* ou *à elles*; au lieu que *leurs*, avec une *s*, eſt toujours pluriel de *leur*, pronom poffeffif abfolu, comme dans cette phrafe.

L'ignorance eft toujours fuivie de l'obftination, & l'entêtement qui lui reffemble, eft l'effet de l'amour propre qui aveugle les plus habiles ; *leur* fait prendre pour fpécieux, tout ce qui les flattent, & les rend ingénieux à fe tromper contre *leurs* propres lumieres.

Quand je vois les oifeaux bâtir *leurs* nids, je demande qui *leur* a appris les mathématiques.

Mais, ou *Mes*.

Mes, eft le pluriel de *mon*, *ma*. *Mais*, qui fe prononce plus ouvert que *mes*, eft une conjonction adverfative. Exemples. On peut dire d'un homme qu'il a du mérite, fans que ce foit pour cela un homme de mérite ; on a du mérite quand on a des talents ou de bonnes qualités ; *mais* pour être homme de mérite, il faut être aimable & effentiel : c'eft la nature qui fait le mérite, *mais* c'eſt la fortune qui le met en œuvre. Pour ſe tromper il ne faut qu'être homme, *mais* pour s'obſtiner dans ſon erreur, il faut être fou.

Mes livres m'auroient déſennuyés dans ma ſolitude; *mais* l'on a eu la dureté de me les enlever.

On ſe ſert auſſi de cette conjonction, en rendant raiſon de ce que l'on a fait, ou de quelque choſe dont on veut s'ex-cuſer. Exemple. Il eſt vrai que je l'ai ſouvent mortifié, *mais* auſſi il m'en don-noit le ſujet.

Elle ſert encore à marquer l'augmen-tation ou la diminution. Exemples. Non-ſeulement il eſt bon, *mais* il eſt brave homme. Sa puiſſance n'eſt pas diminuée, *mais* elle s'eſt augmentée. Elle eſt aſſez bien faite, *mais* elle eſt ſotte.

Elle ſert encore de tranſition, pour revenir à un ſujet qu'on avoit laiſſé, ou pour quitter celui dont on parloit. Exem-ples.

ples. *Mais* revenons à notre sujet ; *mais* c'est trop parler de cela ; *mais* il est temps de finir.

Mais, est quelquefois adverbe, & alors il se joint avec le verbe *pouvoir* par la négative, ou en interrogeant. Exemples. Je n'en puis *mais* ; le fils a fait une faute, *mais* le pere n'en peut *mais* ; si cela est vrai, en puis-je *mais* ?

Mais, se prend aussi substantivement. Exemples. Il ne se blâme guère sans quelques *mais* ; il a toujours avec lui des *si* & des *mais*.

Dont, ou *Donc*.

On écrit *dont*, avec un *t*, quand il se rapporte à quelque nom qui est auparavant, & que l'on peut le tourner par *duquel*, *de laquelle*, &c. Et l'on écrit *donc* avec un *c*, quand il est conjonction conclusive, & que l'on s'en sert pour tirer une conséquence. Exemples. Tous les biens de la terre, & tous les

T

avantages *dont* nous jouissons, viennent de Dieu; nous devons *donc* lui en rendre de continuelles actions de graces.

AUTRE EXEMPLE.

Dormir sept heures dans son lit,
Sans trouble & sans inquiétude,
Ne se faire aucune habitude
Dont on puisse se repentir.

Quant, ou *Quand*, ou *Qu'en*.

Quand, avec un *d*, est un adverbe de temps, qui marque quelque circonstance de temps. Exemples. *Quand* le mérite sert de base à la réputation, c'est une grande mal-adresse d'y joindre l'artifice; *quand* Dieu créa le monde; *quand* je pense à la fragilité des choses humaines; *quand* sera-ce que vous viendrez me voir? Je ne sais *quand* j'y pourrai aller; vous me promettez d'y venir, mais *quand*?

Quand l'homme est bien persuadé

qu'un tel penchant lui eſt nuiſible, il eſt bien près de ſe corriger.

Quant, avec un *t*, eſt un adverbe, qui peut ſe tourner par, *pour ce qui regarde*. Exemples. *Quant* à lui, il en uſera comme il lui plaira ; *quant* à moi, je ſuis prêt ; *quant* à ce point *là* ; *quant* aux affaires du temps.

On dit proverbialement, qu'un homme ſe met ſur ſon *quant* à moi, pour dire, que par vanité, il s'eſt plus paré qu'à l'ordinaire.

Qu'en, eſt compoſé du pronom abſolu *que*, qui ſignifie *quelle choſe*, & du pronom relatif *en*. Exemples. *Qu'en* penſez-vous ? *Qu'en* voulez-vous dire ? *Qu'en* dites-vous ?

Sur, ou *Sûr.*

Sur, s'écrit toujours ſans accent circonflexe quand-il eſt prépoſition. Exemples. *Sur* la table, *ſur* la conſcience ; & avec l'accent circonflexe quand il eſt adjeclif, & qu'il peut fe tourner par aſſurer, je ſuis ſûr que... Exemples. Une ſorte d'indifférence *ſur* ſon propre mérite, eſt le plus *ſûr* appui de ſa réputation ; la modeſtie eſt le plus *ſûr* éclat qu'il ſoit permis d'ajouter à ſa gloire.

Si vous comptez *ſur* les promeſſes des Grands de Cour, vous pouvez être *ſûr*, ou vous pouvez être très-*aſſuré*, que vos eſpérances ſont vaines.

Ou & Où.

Ou, s'écrit toujours fans accent grave, quand il eſt conjonction alternative ; c'eſt à-dire, quand il marque diſtinction, choix. Exemples. *Ou* vous ſavez ce que vous dites, *ou* vous ne le ſavez pas ; *ou* changez de conduite, *ou* ne paroiſſez plus devant moi.

Toute ſubſtance eſt matérielle *ou* ſpirituelle.

La réputation d'un homme eſt ce que l'on publie, *ou* de ſes bonnes *ou* de ſes mauvaifes qualités ; ainfi , elle eft bonne *ou* mauvaife.

Où, s'écrit avec l'accent grave en deux occafions : 1°. Quand il eft adverbe de lieu. Exemples. *Où* allez-vous ? Par *où* avez-vous paffé ? Enfeignez - moi *où* vous demeurez.

Surmontez les chagrins *où* l'efprit s'abandonne.

2°. Quand il eft mis pour les pronoms relatifs ou abfolus, tant au fingulier qu'au pluriel. Exemples. La haine & la flatterie font les écueils *où* la vérité fait naufrage. Quels font les principes d'*où* vous tirez cette conféquence ? Voilà *où* nous avons manqué ; c'eft-à-dire , en quoi nous avons manqué. *Où* voulez-vous que je mette ce livre ?

Où la difcorde regne , apportez-y la paix.

Parce que, ou *Par ce que*.

Parce que, eft une conjonction qui s'écrit en un feul mot ou en deux , &

qui sert à marquer un motif de ce que l'on affirme. Il signifie, *à cause que*, *d'autant que*. Exemple. Je le veux bien, *parce que* vous le voulez, ou *parce que* cela est juste.

Par ce que. *Par*, est une préposition; *ce*, est un pronom démonstratif qui est le complément de *par*, & *que*, est un pronom relatif, dont l'antécédent est *ce*. Exemples. Je vois, *par ce que* vous dites, que vous n'avez pas écouté. *Par ce que* vous faites, je vois que vous né-gligez vos affaires.

Pris, Prie, Prix.

Le premier de ces trois mots est le participe du verbe *prendre*, de la quatrieme conjugaison, il signifie mettre en sa main ; ce verbe a différentes significa-tions. On dit *prendre* les armes, *prendre* un cheval par la bride, *prendre* quelqu'un par le bras ou par la main.

On dit, figurément, *prendre* en main les intérêts de quelqu'un, pour dire que l'on eſt dans le deſſein de ſoutenir ſes droits, & de le mettre ſous ſa protection.

On dit *prendre* ſon parti, pour dire que l'on ſe décide à une choſe; on dit auſſi d'un homme qui a été reçu Docteur, qu'il a *pris* le bonnet; on dit encore *prendre* le deuil, *prendre* l'habit de Religieux, *prendre* perruque.

Prendre, ſignifie dérober, emporter, ſaiſir. Exemples. Il a *pris* ſes piſtolets; il a *pris* ſon homme à la gorge; cette femme a *pris* cet homme dans ſes filets, pour dire qu'elle l'a engagé par adreſſe.

Prendre, ſe dit auſſi figurément pour *entendre*, *concevoir*, *comprendre*. Exemples. Il *prend* mal ce paſſage; *prendre* une choſe à contre-ſens; *prendre* les choſes de travers.

Le ſecond de ces trois mots eſt le verbe *prier*, de la premiere conjugaiſon; il ſignifie ***requérir, demander par grace.***

Il signifie aussi *convier*, *inviter*. Exemples. On l'a *prié* d'assister à la cérémonie ; il est de ceux que l'on *prie* ; on l'a *prié* à dîner.

On dit aussi proverbialement, on ne va point aux noces sans être *prié*, pour dire que l'on n'y doit point aller, si l'on n'est *prié.* Ce mot est quelquefois *pris* substantivement. Exemples. Etes-vous du nombre des *priés* ?

Enfin, le troisieme est substantif masculin ; il signifie valeur, estimation d'une chose. Exemples. Chaque chose à son *prix* ; c'est le *prix* d'une chose ; vendre à non *prix* ; à juste prix ; une chose est hors de *prix*.

Je vous *prie* de me dire le ***prix*** des marchandises que j'ai *prises*.

Chair, ou *Cher*, ou *Chère*.

Chair, substantif féminin, qui signifie cette substance molle & sanguine qui est entre la peau & les os. Exemples. *Chair* vive, *chair* morte, *chair* ferme, *chair* grasse.

Chair, en terme de l'Ecriture sainte, signifie la nature humaine. Exemples. Il ne faut pas toujours considérer les choses selon la *chair*; mortifier la *chair*; l'esprit est prompt, & la *chair* est foible.

Chair, signifie aussi le Siege dans lequel un Prédicateur est élevé pour annoncer les vérités de l'Evangile. On dit aussi l'éloquence de la *chair*.

Cher ou *chère*, adjectif qui signifie, qui est tendrement aimé. Exemples. C'est une personne qui lui est *chère*; ses plus *chers* amis l'ont condamnés. Un homme de bien n'a rien de plus *cher* que l'honneur.

Chère, substantif féminin, qui comprend tout ce qui regarde la quantité, la qualité, la délicatesse des viandes, la maniere de les apprêter. Maigre *chère*, grand'*chère*. Exemples. Il nous a fait la meilleure *chère* du monde ; on fait bonne *chère* en ce pays-là , à bon marché.

Sans , sang, sens, sent, s'en, c'en cent, cens.

Sans, préposition exclusive ou d'exception : *sans* argent ; c'est un homme *sans* honneur ; passer la nuit *sans* dormir ; il ne sauroit disputer *sans* se mettre en colere.

Sans , entre aussi dans plusieurs manieres de parler adverbiales. Exemples. *Sans* doute, *sans* réplique, *sans* difficulté, *sans* fin, *sans* réserve.

Sens , substantif masculin, faculté de l'animal, par laquelle il reçoit l'impression des objets extérieurs & corporels. Les cinq *sens* de nature : la vue, l'odorat, le toucher, le goût & l'ouie. Les Philosophes disent qu'il n'y a rien dans l'entendement, qui n'ait passé par les *sens*. Reprendre ses *sens*.

Sent, verbe actif, je *sens*, tu *sens*, il *sent*, &c. Recevoir quelqu'impreſſion par le moyen des *sens*. Exemples. *Sentir* un frais agréable. Quand on eſt bien las, on *sent* un grand plaiſir à ſe repoſer; il a *senti* une grande douleur de la mort de ſon fils.

Sang, ſubſtantif maſculin, liqueur rouge qui coule dans les veines : *ſang* brûlé, *ſang* froid.

S'en, ce mot eſt compoſé du pronom perſonnel *ſe*, & du pronom relatif, *en.* Exemples. Il *s'en* eſt douté; il *s'en* ſouvient; il *s'en* rapporte à ce que je lui dis; il *s'en* fait accroire; il *s'en* apperçoit.

C'en, ce mot eſt compoſé du pronom indéfini *cela*, *cette choſe*. Exemples. *C'en* eſt aſſez; *c'en* eſt fait.

Cent, adjectif numéral de tous genres : *cent* écus, *cent* perſonnes, *cent* plumes, &c.

Cens, ſubſtantif maſculin, redevance en argent que certains biens doivent annuellement à un Seigneur. Exemples, Payer le *cens* ; une terre qui doit tant de *cens* ; abandonner la terre pour le *cens*, fignifie que l'on abandonne la terre, parce qu'elle eſt plus onéreuſe qu'elle n'eſt profitable.

Saint, fain, fein, feing, ceint.

Saint, adjectif, qui fignifie ce qui eſt fouverainement parfait ; dans ce fens il ne fe doit dire que de Dieu. Il fe dit auſſi des créatures les plus parfaites. Exemples. *Les faints Apôtres, les faints Docteurs, un faint perfonnage.*

Sain, faine, adjectif, qui fignifie être d'une bonne conſtitution ; qui n'eſt pas fujet à des maladies. Exemples. *Un corps fain* ; je vous dis que je fuis *fain* ; cette femme eſt *faine.*

Sein, fubſtantif maſculin ; il fignifie la partie du corps humain, qui eſt depuis le bas du cou juſqu'au creux de l'eftomac. Il fe prend au figuré pour partie intérieure. Exemples. Le *fein* de la terre ; mettre le poignard dans le *fein* de fon ami, pour dire que l'on va lui annoncer une fâcheufe nouvelle ; porter la guerre dans le *fein* d'un Royaume, ou d'une Province.

Seing, fubftantif mafculin, fignifie le nom que quelqu'un écrit au bas d'une lettre, d'une promeffe, d'un contrat ou autre acte, pour le caractérifer.

Ceint, *ceinte*, participe ; être *ceint* d'une ceinture ; avoir le front *ceint* de laurier.

Cour, ou Cours.

Cour, fubftantif féminin, efpace à découvert, enfermé de murs ou de bâ- timents, qui eft ordinairement l'entrée de la maifon, & en fait partie ; *cour* pavée ou fablée ; *cour* où les caroffes tournent.

On nomme auffi *Cour*, les Officiers,

les principaux Seigneurs qui accompagnent ordinairement le Roi. Exemples. *Cour* Romaine ; *Cour* Impériale ; les Marchands fuivent la *Cour* ; un Seigneur, une Dame de *Cour*. Au figuré on dit, un ami de *Cour*, pour dire, un ami fur fur lequel il ne faut pas compter : en ce fens, il fe prend en mauvaife part.

Cours, fubftantif mafculin, fignifie *flux*, *mouvement* de quelque chofe de liquide ; il fe dit particulièrement de l'eau des rivieres, des ruiffeaux. Exemples. *Cours* rapide, *cours* lent, *cours* impérieux.

Il fe dit auffi des humeurs dans le corps des animaux. Exemple. Il faut que cette humeur ait fon *cours*.

Il fe dit auffi du mouvement réel ou apparent du foleil ou de la lune. Exemples. Le *cours* des aftres eft réglé ; cette planete a fon *cours*.

Cours, fe dit auffi de toutes les études que l'on fait de fuite. Exemples. Il a fait fon *cours* de philofophie ; fon *cours* de phyfique, immédiatement après fon *cours* de mathématiques.

Cours , fe dit auffi des monnoies. Exemple. Cette monnoie n'a plus de *cours*. On nomme auffi *cours* , une belle promenade publique. Exemple. Le *Cours* de la Reine , eft fitué au bord de la Seine.

Chœur , ou *Cœur.*

Chœur, fubftantif mafculin ; l'*h* ne fe prononce pas. Il fignifie une troupe de Muficiens qui chantent enfemble.

Chœur, fignifie auffi la partie de l'Eglife où l'on chante l'Office divin. Exemples. On a fermé le *chœur* ; le *chœur* eft magnifique ; les Enfants de *Chœur* ; les Chanoines font au *Chœur.*

Cœur , fubftantif mafculin , partie de l'animal dans laquelle on croit communément que réfide le principe de la vie. Le mouvement du *cœur*, le battement du *cœur*. Ce mot se prend aussi pour les inclinations de l'ame : en ce sens on dit , c'est un bon *cœur* ; c'est un *cœur* bas ; cet homme est tout *cœur* ; cet homme n'a point de *cœur* , pour dire qu'il est lâche ou qu'il n'a point de courage.

Panser, ou *penser*. *Panse*, ou *pense*.

Panser , verbe actif, signifie lever l'appareil d'une plaie , d'une blessure. Exemples. Le Chirurgien vient de le *panser*, sans y *penser* ; on l'a *pansé* ce matin. On dit aussi *panser* un cheval blessé

Panser, quand il se dit d'un cheval, signifie l'étriller, le brosser, lui donner généralement tout ce qui lui est nécessaire. Exemples. Un cheval bien *pansé* de la main ; un cheval bien étrillé est à demi-*pansé*.

On dit figurément & populairement, qu'un

qu'un homme eſt bien *panſé* : pour dire qu'il a bien mangé & qu'il a bien bu.

Penſer, verbe neutre, ſignifie, former dans l'eſprit l'image de quelque choſe. Exemples. L'homme *penſe*, l'ame *penſe*, la matiere eſt incapable de *penſer*.

Panſe, ſubſtantif féminin, ſignifie ventre. Exemples. Une groſſe *panſe*, avoir la *panſe* pleine.

Penſe, indicatif ou impératif du verbe *penſer*. Exemples. Je *penſe*, tu *penſe*, il *penſe*. Impératif, *penſe*, *penſez-y*. Infinitif, *penſer* à ce que l'on dit.

Fond, ou Fonds.

Fond, ſubſtantif maſculin, ſans pluriel ; il ſignifie le plus bas d'une choſe creuſe. Exemples. Le *fond* d'un puit ; le *fond* d'une poche. On dit auſſi, le *fond* d'une Province ; le *fond* d'une allée ; le *fond* d'un procès ; le *fond* de la queſtion

V

eſt que..... faire *fond* ſur un fidelle ami.

Fonds , ſubſtantif maſculin ; il n'a point de ſingulier : il ſignifie le ſol d'une terre , d'un champ , d'un héritage ; cultiver ſon *fonds* ou ſes *fonds* ; une rente à *fonds* perdu. Au figuré , c'eſt un homme d'un grand *fonds* d'eſprit ; cette action marque un grand *fonds* d'eſprit ; un grand *fonds* d'érudition ; c'eſt un homme ſur lequel on peut faire *fonds*.

Lettres doubles.

Il entre , dans beaucoup de mots françois , des conſonnes doubles , qui ne ſe prononcent pas autrement que ſi elles étoient ſimples : *appeller* , par exemple , ſe prononce *apeler* ; il en eſt ainſi des autres mots.

La plupart des conſonnes ſe ſont conſervées doubles , parce qu'elles le ſont dans les mots latins , d'où elles tirent leur origine : *approuver*, *offrir*, viennent des mots latins, *approbare*, *offerre*. D'autres fe doublent fans aucune autre raifon que celle de l'ufage : comme, *combattre*, *donner*, *perfonne*.

Il y a une regle en françois, qui ne fouffre que très-peu d'exception ; c'eft que quand les confonnes font doublées, & que ce n'eft pas par raifon d'étymologie, c'eft prefque toujours parce que les fyllabes qu'elles forment font bréves.

Les confonnes qui fe doublent le plus ordinairement pour cette raifon, font *l*, *m*, *n*, *t*, *p* : comme, *moëlle*, *pomme*, *couronne*, *frapper*, *trompette*.

Les mêmes confonnes font fimples dans les mots fuivants, *poéle*, *dôme*, *trône*, *raper*, *tempéte*, parce que ces fyllabes qui les précédent font longues.

L, *m*, font prefque toujours doubles après *e*, *o*, quand la fyllabe eft bréve : comme dans, *Grammaire*, *fomme*,

V 2

commerce, *femme*, *homme*, excepté dans le feul mot *flamme*, où la fyllabe eft longue, quoique fuivie de deux *m*.

Il en eft ainfi à l'égard de l'*n* : comme dans, *bannir*, *canne*, *méridienne*, *colonne*, excepté dans le feul mot *manne*.

On écrit, *honorer*, *donation*, *intonation*, avec une feule *n*, quoiqu'il y en ait deux dans *honneur*, *donner*, *entonner*, parce que l'*o* qui précéde l'*n* dans la premiere, termine la fyllabe, & fe prononce avec le fon naturel *in-to-nation*, *ho-norer*, *do-nation*. Voilà la raifon pour laquelle ces mots s'écrivent différemment.

L'*r*, fe double fouvent dans les fyllabes longues : comme dans, *bifarre*, *larron*, *terre*, *tonnerre*, je *verrai*, je *courrai*, je *mourrai*, &c.

On peut établir encore, comme une regle générale pour le doublement des confonnes, que toutes les fois qu'un mot commence par les voyelles *a*, *o*, & qu'elles y font employées comme prépofitions inféparables, les confonnes fe doublent. On connoît que ces prépofitions font inféparables dans un même mot, lorfqu'en les retranchant de ce mot, celui qui fuit eft un mot françois, qui entroit dans la compofition du premier ; ainfi, en retranchant la voyelle *a*, du mot *apprendre*, il refte *prendre*, qui eft un mot françois. La voyelle *a*, y étoit donc employée comme prépofition inféparable : alors les confonnes qui les fuivent fe doublent.

Suivant la même regle, les confonnes font doublées dans les mots, *acclamation*, *accoller*, *attirer*, *accommoder*, *accompagner*, *affermir*, *arrondir*, *aggraver*, *attendrir*, *oppofer*, &c... parce qu'ils font formés des mots, *coller*, *clameur*, *ferme*, *commode*, *compagne*, *pofer*, *tirer*, &c.

Il faut en excepter les mots composés, dont les simples commencent par un *b*, tels que, *abboutir*, formé de *bout*; *abbaiser*, formé de *baisser*; *abbatardir*, formé de *batard*; *abborder*, formé de *border*; & généralement tous les mots qui commencent par un *a*, suivi d'un *b*: comme, *abbandonner*, *abbandonnement*, *abboi*, *abbolir*, *abbreuver*, &c. excepté le seul mot *Abbé*, & ses composés, *Abbaisse*, *Abbayes*.

Lettres majuscules.

Les lettres majuscules font celles dont la forme est un peu plus élégantes que les autres. Elles se mettent toujours au commencement des noms propres, de *Dieu*, d'*Anges*, de *villes*, de *royaumes*, d'*hommes*, de *provinces*, de *bourgs*, *villages*, *mers*, *rivieres*, *châteaux*, *fleuves*, &c.

Les noms de dignités, de qualités, commencent aussi avec des lettres majuscules, quand on en fait l'application à quelque sujet particulier : comme, le *Roi* de *France*, l'*Empereur* de *Chine*, le *Duc* d'*Orléans*, le *Prince* de *Condé* ; mais, si ces mêmes noms sont pris dans un sens général, & sans application particuliere, on les écrit alors avec des lettres minuscules : comme, un *roi* sage & juste, fait le bonheur de ses sujets.

La mort n'épargne pas plus les *conquérants*, ni les *princes*, que les autres hommes.

Les lettres majuscules se mettent encore au commencement des noms de Tribunaux, de Jurisdiction : comme, le *Parlement de Rouen* ; le *Présidial de Rennes.*

Elles se mettent encore au commencement des noms de sciences, d'arts

& de profeſſions, quand ils ſont employés comme le principal ſujet du diſcours.

Enfin, au premier mot de chaque alinéa & d'une phraſe, & au commencement de chaque vers, pour y mettre plus de diſtinction & de netteté.

EXEMPLE.

Tu dis du mal de moi,
Je dis du bien de toi;
Damon, quel malheur eſt le nôtre,
On ne nous croit ni l'un ni l'autre.

DES PHRASES

ET DES PÉRIODES.

Des Phrases.

UNE phrase est un ou plusieurs mots joints ensemble pour former un tout.

EXEMPLES.

Une fausse louange est un blâme secret.

Il faut toujours avoir l'esprit égal, soit dans la bonne, soit dans la mauvaise fortune.

Le sérieux d'une ame abattue, donne un extérieur languissant.

Le sérieux d'une ame stérile, paroît froid & lâche.

Le sérieux de l'homme distrait, porte des dehors singuliers.

X

Le férieux de l'homme timide, n'a presque jamais de maintien.

Le férieux d'une ame tranquille, porte un air doux & ferein.

Le férieux des paffions ardentes, eft fauvage, fombre & allumé.

Des Périodes.

ON nomme périodes, plufieurs phrafes tellement jointes enfemble, qu'elles dépendent les unes des autres pour former un fens complet.

EXEMPLES.

La vertu mérite tellement d'être eftimée, que nous l'eftimons jufque dans nos ennemis.

Le cœur fenfible ne fera pas méchant; car il ne pourroit bleffer les autres fans fe bleffer lui-même.

L'homme fenfible eft fouvent d'un

commerce fort difficile ; il faut toujours ménager fa délicateffe.

Le cœur fenfiblé eft compatiffant ; le cœur tendre eft de plus bienfaifant.

Les ames fenfibles ont plus d'exiftence que les autres ; les biens & les maux fe multiplient à leur égard.

Elles ont encore un avantage pour la fociété : c'eft d'être perfuadées des vé‑rités, dont l'efprit n'eft que convaincu.

QUAND on parle, c'eft pour inter‑roger, ou pour commander, ou pour prier, ou pour exhorter, ou, enfin, pour exprimer notre penfée, foit en tirant une conféquence, foit en faifant une fuppofition ; ce qui fait que la phrafe eft, ou interrogative, ou explicative, ou expofitive.

La phrafe eft interrogative, lorfqu'en parlant, on fait une queftion.

E X E M P L E S.

Où font, Dieu de Jacob, tes antiques bontés?
Dans l'horreur qui nous environne,
N'entends-tu que nos iniquités ?
N'es-tu plus le Dieu qui pardonne ?

Pourquoi, Seigneur, vous livrez-vous à l'étude de la philofophie? difoit quelqu'un à Hieron, Roi de Siracufe ; à quoi peut-elle vous fervir ? « Elle m'apprend, » répondit le Monarque, à faire volon» tiers, & avec plaifir, ce que les autres » hommes font par la crainte ».

LA phrafe eft explicative ou expofitive, quand on ne parle que pour exprimer fimplement fa penfée. Exemples. Pour fe trouver dans l'abondance, il n'eft pas néceffaire d'augmenter fes richeffes, il fuffit de retrancher fes defirs.

PORTRAIT DU SAGE.

Si dans le monde il est un sage,
Qui sache modérer ses vœux :
Seul il mérite l'avantage,
De porter le titre d'heureux.

Il vit content de la fortune,
Quelque part que le Ciel l'ait mis ;
Jamais sa plainte n'importune,
Ni les Princes ni ses amis.

Il ignore le vil commerce
Que les hommes font de leur cœur ;
Et ne sait point comment s'exerce
L'infame métier de flatteur.

Tous ses desseins sont légitimes,
Et conformes à la raison ;
Il est toujours juste, & des crimes
Il ignore même le nom.

Dégagé de toute contrainte,
Le repos fait tout son plaisir ;

X 3

> Et content, il voit tout fans crainte ;
> Parce qu'il voit tout fans defir.

✤

> Il jouit d'une paix profonde,
> Que nul remord ne peut troubler ;
> Et la chûte même du monde,
> Ne fauroit le faire trembler.

Si vous voulez que l'on vous eſtime par votre eſprit dans la ſociété, faites-le ſervir à celui des autres, comme le zéro fait valoir les chiffres ; mais gardez-vous bien de vouloir être le chiffre, & que les autres ſoient des zéros.

> Un tendre ami vaut mieux qu'une couronne.
> Un Monarque, n'a rien s'il ne poſſede un cœur ;
> Un monde entier ne vaut pas le bonheur :
> C'eſt l'amitié qui nous le donne.
> Pour gagner un ami, je céderois un trône.

La phraſe eſt impérative, quand en parlant, on prie, on commande, on défend, on exhorte.

EXEMPLE.

Va, sublime mortel, fier de ton excellence,
Ne crois rien d'impossible à ton intelligence.
Le compas à la main, mesure l'univers,
Regle, à ton gré, le flux & le reflux des mers;
Fixe le poids de l'air, & commande aux planetes,
Détermine le cours de leurs marches secretes;
Soumets à ton calcul l'obscurité des temps,
Et de l'astre du jour, conduis les mouvements.
Va, monte avec Platon, jusques à l'empirée,
Cherche la vérité dans sa source sacrée;
Et, joignant la folie à la témérité,
Plonge-toi dans le sein de la Divinité.
Dans ton aveugle orgueil, instruis l'Être suprême;
Apprends à gouverner à la sagesse même;
Et, déchu de l'espoir qui séduisoit ton cœur,
Rentre dans ton néant, rougis de ton erreur.

PRINCIPE de la belle Education, pour former les mœurs, par M. DE FÉNÉLON.

RENDEZ au Créateur ce que vous devez lui rendre;
Réfléchissez avant que de rien entreprendre.
Point de société, qu'avec d'honnêtes gens,
Et ne vous enflez point de vos heureux talens.

X 4

Conformez-vous souvent aux sentiments des autres,
N'exigez que très peu qu'on se conforme aux vôtres.
Faites attention à ce que l'on vous dit,
N'affectez point sur-tout de montrer trop d'esprit.

N'entretenez personne au-delà de sa sphere ;
Taisez vous, ou tâchez d'être toujours sincere.
Tenez votre parole inviolablement,
Ne vous engagez pas inconsidérément.

Soyez peu curieux des affaires des autres,
Et sans rien affecter, cachez toujours les vôtres.
Prêtez de bonne grace, avec discernement;
S'il faut récompenser, faites-le sagement.

Soyez officieux, complaisant, doux, affable,
Toujours d'égale humeur, accessible, traitable;
Dans votre politesse, ayez un air aisé;
Ne décidez de rien, qu'après l'avoir pesé.

Aimez sans intérêt, pardonnez sans foiblesse,
S'il faut être soumis, soyez-le sans bassesse.
Cultivez avec soin, l'amitié de chacun :
A l'égard des procès, n'en intentez aucun.

Et de quelque façon que vous puissiez paroître,
Que ce soit sans éclat, & sans vous méconnoître,
Compatissez toujours aux disgraces d'autrui :
Supportez les défauts, soyez fidelle ami.

Surmontez les chagrins où l'esprit s'abandonne;
Et ne les faites point réjaillir sur personne.
Estimez tout le monde en sa profession,
Et ne critiquez rien par ostentation.

Ne reprochez jamais les bienfaits que vous faites;
Et mettez-les au rang des affaires secretes.
Prévenez les besoins d'un ami malheureux;
Sans prodigalité, rendez-vous généreux.

Modérez les transports d'une bile naissante,
Et ne parlez qu'en bien, d'une personne absente:
Fuyez l'ingratitude, & vivez sobrement :
Jouez pour le plaisir, & perdez noblement.

Parlez peu, pensez bien, & ne trompez personne;
Et faites toujours cas de ce que l'on vous donne.
Ne tirannisez point vos pauvres débiteurs :
A personne, en un mot, ne montrez de hauteur.

Ne divulguez jamais ce que l'on vous confie ;
Au bonheur du prochain ne portez point envie,
Ne vous vantez de rien, gardez votre secret,
Après quoi mettez-vous au-dessus du caquet.

DE LA PONCTUATION.

LA ponctuation est la maniere de marquer, en écrivant, les endroits d'un discours où l'on doit s'arrêter, pour en distinguer plus facilement les parties.

On se sert de onze caracteres. Les voici avec leur dénomination.

La virgule. . . . . (
Le point avec la virgule. . . . . ;
Les deux points. . . . . :
Le point. . . . .
Le point interrogatif. . . . . ?
Le point admiratif *ou* exclamatif. . . !
Le tréma. . . . .
L'apostrophe. . . . . '
Le trait d'union. . . . . -
Les guillemets. . . . . »
La parenthese. . . . . (.)

De la Virgule.

LA virgule sert à distinguer les noms substantifs, les verbes, les adverbes & les adjectifs, qui ne se modifient point. Exemple. Les douze signes du Zodiaque sont : le Bellier, le Taureau, les Gémaux, l'Ecrevisse, le Lion, la Vierge, la Balance, le Scorpion, le Sagittaire, le Capricorne, le Verseau & les Poissons.

Boire, manger, dormir, se promener, sont les occupations du grand monde.

Pour devenir savant, il faut étudier constamment, sagement, méthodiquement, assidument, &c.

Les enfants, dit M. de la Bruyere, n'ont ni passé ni avenir ; ils jouissent du présent ; ils sont hautains, envieux, dédaigneux, coleres, paresseux, volages, timides, intempérants, menteurs, dissimulés ; ils rient & pleurent facilement, ils ont des joies immodérées sur de très-petits sujets, ils ne veulent point souffrir de mal, ils aiment à en faire, ils sont déjà hommes.

La virgule se met encore pour indiquer les différentes parties d'une phrase. Exemples. On fait des générosités à ses amis, des libéralités à ses domestiques, des aumônes aux pauvres.

La générosité ne peut avoir de plus beau motif, que l'amour de la Patrie & le pardon des injures. L'étude du cabinet rend savant, & le bon usage rend sage.

La virgule se met aussi après les expressions qui marquent quelques circonstances. Ces expressions sont nommées *incidentes* ou *incises*, comme dans cette phrase :

Il est bien difficile, quelque philosophie qu'on ait, de souffrir long-temps sans se plaindre. *Quelque philosophie qu'on ait*, est une phrase incidente, parce que l'on pourroit dire : il est bien difficile de fouffrir long-temps fans fe plaindre ; cette derniere propofition a une circonftance de moins , mais elle n'en eft pas moins une propofition.

Quand on dit à l'homme : connois-toi ; ce n'eft pas feulement pour rabaiffer fon orgueil, c'eft auffi pour lui faire fentir ce qu'il vaut.

Nous devons plus à Dieu qu'aux hommes, plus au genre humain qu'à notre Patrie, plus à notre patrie qu'à l'amour paternel , plus à ce dernier fentiment, qu'à l'amitié.

L'homme doit difcerner, s'il veut fe rendre
      heureux,
Du plaifir innocent, le plaifir dangereux.

Parler contre les Dieux , foit qu'on le faffe férieufement , ou non, cela eft pernicieux & impie.

On ne met guère de virgule entre les

différentes parties d'une phrafe courte ;
comme :

Un efprit éternel agit dans ce grand tout.

Du Point avec la Virgule.

LE point avec la virgule , fert à
diftinguer une phrafe qui eft à la fuite
d'une autre phrafe , dont elle dépend.
Exemples. Le grand homme eft modefte ;
l'homme très-médiocre fait fonner fes
moindres avantages.

C'eft la religion qui regle nos devoirs
envers Dieu ; ce font les lois civiles qui
reglent nos devoirs envers l'État & le
Souverain ; & c'eft la loi naturelle qui
établit nos devoirs envers les particuliers.

Les devoirs des peres & des meres,
font, l'inftruction & la tendreffe ; les
devoirs des enfants , font , l'obéiffance, la
foumiffion , le refpect , l'amour & la

reconnoiſſance ; les devoirs de l'amitié , ſont, la confiance , la bienveillance & les bons conſeils.

Je voudrois qu'un jeune homme fût quelquefois curieux de ſavoir quelle eſt l'idée du Public ſur ſon compte ; il apprendroit, dans un moment, de quoi méditer toute ſa vie.

Les caracteres foibles ont le double inconvénient , de ne pouvoir ſe répondre de leurs vertus ; & de ſervir d'inſtruments aux vices de tous ceux qui les gouvernent.

Des deux Points.

LES deux points ſe mettent après une phraſe finie ; mais ſuivie d'une autre qui ſert à l'étendre & à l'éclaircir. Exemples. La flatterie eſt l'art de ſéduire par de fauſſes louanges : c'eſt la reſſource des frippons & des gens ſans mérite.

La médiſance eſt une pente ſecrete à

penser mal de tous les hommes : elle se manifeste par les paroles.

La générosité est le sacrifice de l'intérêt personnel au bien des autres : c'est la réflexion qui la fait naître.

La précipitation dans nos jugements, est une des sources de nos erreurs ; la précipitation dans nos actions, est l'effet de la vivacité , qui vient du tempérament : on la nomme étourderie , quand elle est tournée en habitude.

Du Point.

LE point se met à la fin d'une phrase dont le sens est absolument fini ; c'est-à-dire, lorsque ce qui la suit est tout-à-fait indépendant. Exemples. La fierté, dans les personnes d'un rang élevé , les rend inaccessible.

La paresse est la haine de tout travail.

Les

Les manieres font tout ce qui accompagne nos actions.

Le mal eft tout ce qui eft nuifible par fa nature.

Le luxe eft l'ufage que l'on fait des richeffes & de l'induftrie, pour fe procurer une exiftence agréable.

Les Lois font des obligations impofées par l'autorité.

Un homme véritablement généreux, n'a en vue que le plaifir d'obliger.

Après les dons de la nature, l'expérience fait le principal mérite des hommes.

Les mêmes caufes produiront conftamment les mêmes effets.

Le malheur eft un état conftant de peines & de fouffrances.

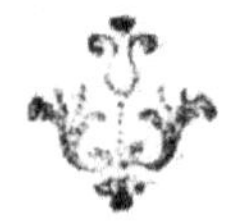

Y

Du Point interrogatif.

LE point interrogatif fe met à la fin d'une phrafe qui exprime une interrogation.

EXEMPLE.

Un Religieux de bon appétit, qui n'aimoit pas à être interrompu dans l'exercice de la table, ne répondit qu'avec une précifion véritablement digne de Sparte, aux queftions réitérées qu'on lui faifoit. Uu jour, un de fes convives, qui vouloit le forcer de parler, lui fit ces interrogations. Quel pain mangez-vous dans votre couvent? Bis, répondit-il. Quel vin buvez-vous? Rouge. Mangez-vous beaucoup ? Tout. Quelle viande mangez-vous? Bœuf. Combien êtes-vous? Trop. Prenez-vous fouvent la difcipline? Point.

Du Point Admiratif.

LE point admiratif ou exclamatif, fe met à la fin des phrafes qui expriment une exclamation ou une admiration.

EXEMPLES.

O que tes œuvres font belles !
Grand Dieu ! Quels font tes bienfaits !
Que ceux qui te font fidelles,
Sous ton joug, trouvent d'attraits !

Qu'un ami véritable eft une douce chofe !

Que ne puis-je, dit Madame de Maintenon, vous peindre l'ennui qui dévore les grands, & la peine qu'ils ont à remplir leur journée !

Henri IV avoit un cheval qu'il aimoit : il avoit dit qu'il feroit pendre celui qui lui annonceroit fa mort. Le cheval mourut ; un Gafcon apprit ainfi cette perte au Roi. Sire, dit-il, votre cheval!..... le cheval de votre Majefté!... ô Ciel! ce magnifique cheval!.... Je parie qu'il eft mort! s'écria le Roi tout alarmé. Vous ferez pendu, Sire, répondit le Gafcon, vous vous en êtes donné la premiere nouvelle.

Du Tréma.

LE tréma, ou les deux points fur une voyelle, s'emploie pour avertir que la voyelle fur laquelle ils font, ne doit pas être prononcée avec la voyelle précédente : comme dans *Efaü*, *haïr*, *Saül*, *moëlle*, *Moïfe*.

Quand *a*, *o*, *u*, font fuivi d'un *i*, ou d'un *e* muet, qui commence une nouvelle fyllabe, alors cet *i*, ou ces *e* muet, doivent être marqués par le tréma : comme dans ces mots, *naïf, héroïque, faïance, aïeul, bifaïeul.*

De l'Apostrophe & de l'Elision.

L'Apostrophe sert à marquer la suppression d'une voyelle. L'*a* se supprime dans *la*, article, quand le mot suivant commence par une voyelle ou par une *h* non aspirée, alors la place de l'*a*, est remplacée par l'apostrophe. Exemple. L'homme de bien aime mieux mériter une charge sans *l'*obtenir, que de *l'*obtenir sans la mériter.

L'*e* muet se supprime dans *je*, *me*, *te*, *se*, *de*, *ne*, *le*, *que*, quand le mot suivant commence par une voyelle. Exemples. *J'*estime *l'*enfant qui *s'*applique à contenter ses Maîtres. Je *m'*estime heureux *d'*être utile aux jeunes gens.

Les mots, *le*, *la*, *de*, ne s'élident point avant *onze* ou *onzieme*. Exemples. De *onze* qu'ils étoient, il n'en est resté qu'un. *La onzieme* année ; je suis *le onzieme*.

L'*e* ne s'élide point avant *oui*, pris subſtantivement : on dit le *oui* & le *non*.

L'*e* muet s'élide dans les mots *juſque*, *entre*, quand ils ſont ſuivis de ceux-ci, *à*, *au*, *aux*, *eux*, *elle*, *ici*, *autre*. Exemples. *Juſqu'à* Paris ; *juſqu'au* mois prochain ; *entr'eux* ; *entr'elle* ; *entr'autre* ; *juſqu'ici*.

Il s'élide encore dans *quelque*, ſuivi des mots *un*, *une*, *autre*. Exemples. *Quelqu'un*, *quelqu'une*, *quelqu'autre*, *qu'un*, *qu'une*.

L'*e* s'élide auſſi dans l'adjectif féminin *grande* ; comme dans, *grand'mere* & *grand'mer* ; *grand'meſſe* ; *grand'chambre* ; *grand'peur* ; *grand'pitié* ; *grand-choſe*.

Du trait d'union.

LE trait d'union sert à partager un mot en deux, & à faire connoître que les deux parties ne font qu'un même mot. On partage un mot en deux, quand on ne peut écrire tout le mot dans une même ligne ; ce partage ne doit se faire que dans les mots qui font pour le moins de deux syllabes ; il faut sur-tout éviter de placer le trait d'union immédiatement après l'*l* mouillée, & avant & après *y*, mis pour deux *ii* ; ainsi, la section ne vaut rien dans les mots suivants, *essai-ier*, *moi-ien*, *travail-ler*, *bouil-lon* : il faut encore éviter de couper une syllabe.

Le trait d'union se met aussi entre les verbes & les pronoms, *je*, *me*, *moi*, *nous*, *vous*, *il*, *ils*, *elle*, *le*, *la*, *les*, *lui*, *leur*, *y*, *en*, *ce*, *on*, quand ces mots font après le verbe. Exemples. *Irai-je? Viens-tu? Donnez-moi. Sort-il?*

*Irons-nous ? Viendrez-vous ? Donnez-lui ;
allez-y ; parlez-en ; prenez-le.*

On emploie le trait d'union avant les
mots *ci* & *là*. Exemples. Celles - *ci*,
celle-*là*, cet homme-*ci*, cette femme-*là*,
ci-deſſus, *là*-haut, allez-*là*, demeurez-
là, juſque-*là*, frappez-*là*.

On met encore le trait d'union entre
pluſieurs mots, tellement joints enſemble, qu'ils n'en faſſent plus qu'un. Exemples. Avant-coureur, chauſſe-pied, courte-
pointe, chef-d'œuvre, arc-en-ciel.

Des Guillemets.

LES guillemets ſont des doubles virgules, qui ſe mettent en marge, au commencement de chaque ligne, pour marquer quelque choſe qui mérite particuliérement d'être remarqué. Exemple.
« Si je raiſonne en Phyſicien, je ne
» trouve, ſans Dieu, qu'un abime d'in-
        » compréhenſibilité.

» compréhensibilité. Le mot de nature
» n'eſt pour moi qu'un mot vide de
» ſens ; mais un agent intelligent me
» rend raiſon du peu qui eſt à ma
» portée : avec lui je conçois quelque
» choſe ; ſans lui je ne conçois abſolu-
» ment rien ».

De la Parentheſe.

LA parentheſe eſt figurée par deux crochets, qui renferment un petit nombre de paroles que l'on inſere dans le diſcours, & que l'on croit néceſſaire pour l'intelligence de la phraſe. Exemples. Vous ne voulez pas que l'on nomme la nature aveugle. Elle combine (ſelon vous) d'après des lois néceſſaires, & produit des êtres organiſés de façon à compoſer un poëme. Si la nature combine, elle eſt intelligente, puiſqu'elle produit des êtres intelligents, & elle eſt intelligente en tout temps : il y a donc une intelligence éternelle ; & c'eſt Dieu même.

Marc-Antoine, Epictete, croyoient que leur ame (de quelque eſpece qu'elle fût) ſe rejoindroit à l'Être ſuprême, & ils furent les plus vertueux des hommes.

Les démons, irrités de l'heureuſe innocence
 Qui regnoit parmi les mortels,
 (L'oubli des mœurs & l'indécence
 N'avoient point encore d'autels),
Songerent aux moyens d'envoyer dans le
  monde,
 La licence en maux ſi féconde.
On s'aſſemble, on conſulte , & contre les
  humains,
 Chacun, dans l'infernal empire,
  Rêve, délibere, conſpire.
Jugez ſi notre ſort étoit en bonnes mains.

Préſentement , pour ſe graver dans l'eſprit les regles de la ponctuation, il eſt néceſſaire de lire quelques pages avec attention, afin de reconnoitre les différents endroits où il faut diftribuer les points, les virgules, &c... en fe rendant raifon du pourquoi. Je vais tranfcrire le portrait de la femme refpectable ; les Demoifelles, pour qui cet ouvrage eft particuliérement deftiné , ne peuvent rien lire de plus intéreffant ; il feroit même néceffaire qu'elles le fuffent de maniere à pouvoir l'écrire fans modele.

PORTRAIT de la Femme refpectable ; par M. DEMAHIS.

IL eft une femme qui a de l'efprit pour fe faire aimer, non pour fe faire craindre ; de la vertu pour fe faire eftimer, non pour méprifer les autres ; affez de beauté pour donner du prix à fa vertu. Également éloignée de la honte d'aimer fans retenue , du tourment de n'ofer aimer, & de l'ennui de vivre fans amour; elle a tant d'indulgence pour les foi-bleffes de fon fexe, que la femme la plus galante lui pardonne d'être fidelle;

elle a tant de refpect pour les bienféances, que la plus prude lui pardonne d'être tendre. Laiffant aux folles, dont elle eft entourée, la coquetterie, la frivolité, les caprices, les jaloufies, toutes ces petites paffions, toutes ces bagatelles qui rendent leur vie nulle ou contentieufe ; au milieu de ces commerces contagieux, elle confulte toujours fon cœur qui eft pur, & fa raifon qui eft faine, préférablement à l'opinion, cette reine du monde, qui gouverne fi defpotiquement les infenfés & les fots. Heureufe la femme qui poffede ces avantages ! Plus heureux encore celui qui poffede le cœur d'une telle femme !

Enfin, il en eft une autre plus folidement heureufe encore. Son bonheur eft d'ignorer ce que le monde appelle les plaifirs, fa gloire eft de vivre ignorée. Renfermée dans les devoirs de femme & de mere, elle confacre fes jours à la pratique des vertus obfcures. Occupée du

gouvernement de fa famille, elle regne
fur fon mari, par la complaifance ; fur
fes enfans, par la douceur ; fur fes do-
meftiques, par la bonté. Sa maifon eft
la demeure des fentiments religieux, de
la piété filiale, de l'amour conjugal, de
la tendreffe maternelle, de l'ordre, de
la paix intérieure, du doux fommeil &
de la fanté. Econome & fédentaire,
elle en écarte les paffions & les befoins ;
l'indigent qui fe préfente à fa porte,
n'en eft jamais repouffé ; l'homme li-
centieux ne s'y préfente point. Elle a un
caractere de réferve & de dignité qui la
fait refpecter ; d'indulgence & de fenfi-
bilité qui la fait aimer ; de prudence &
de fermeté qui la fait craindre. Elle répand autour d'elle une douce chaleur,
une lumiere qui éclaire & vivifie tout
ce qui l'environne. Eft-ce la nature qui
l'a placée, ou la raifon qui l'a conduite
au rang fuprême où je la vois ?

SENS PROPRES
ET SENS FIGURÉS.

UN mot est un sens propre, quand il exprime ce pourquoi il a été premiérment établi. Par exemple. *Lime*, substantif féminin, est un instrument d'acier propre à couper le fer sourdement, quand elle est garnie de plomb, on la nomme alors *lime sourde* : c'est ce que ce mot signifie dans le sens propre.

Mais, dans le sens figuré, on nomme *lime sourde*, une personne qui a de mauvaises intentions, & qui agit sourdement pour conspirer contre quelqu'un. Il faut se méfier de cet homme, *c'est une lime sourde*.

On nomme aussi *lime sourde*, une personne silentieuse, que l'on soupçonne de quelque mauvais dessein.

Marcher, au sens propre, est un

verbe neutre ; il fignifie s'avancer vers un but où l'on tend.

Mais, dans le fens figuré, on dit : c'est un homme à qui il ne faudroit pas *marcher fur le pied*, quand on veut dire qu'un homme s'offenfe facilement, & qu'il eft dangereux d'en faire fa fociété.

On dit auffi *marcher droit*, pour dire de prendre les plus grandes précautions pour bien remplir une place, ou une charge que l'on veut conferver, parce qu'on a des furveillants.

On dit d'une affaire qui fe termine lentement : cette affaire ne *marche* point. *Marcher* conftamment dans le fentier de la vertu. On dit encore, que l'on *marche* fur des épines , pour dire que l'on fe trouve dans quelque conjonĉture délicate pour fa réputation.

Neuf, *neuve*, adjeĉtif, dans le fens propre, il fignifie qui eft fait & conftruit depuis peu. Un habit *neuf*; une maifon *neuve* ; des fouliers *neufs*. Mais quand ce mot eſt au figuré, on dit, une *idée neuve*, pour dire une penſée qui n'a pas encore été employée. On dit d'un homme qui commence à faire quelque choſe pour la premiere fois : cet homme me paroît *neuf*, je ne crois pas qu'il puiſſe bien faire ce qu'il a commencé. On dit auſſi, c'eſt un homme d'eſprit, mais il me paroît *neuf* dans cette affaire.

Purgatoire, ſubſtantif maſculin, dans le ſens propre, ſignifie le lieu où les ames de ceux qui meurent en état de grace, vont expier les péchés *dont* ils n'ont pas fait pénitence en ce monde; & dans le ſens figuré, ce mot ſignifie avoir beaucoup à ſouffrir; cet homme, avec lequel je ſuis obligé de vivre, eſt d'une mauvaiſe humeur; il me fait faire mon *purgatoire* en ce monde.

Révolte, dans le ſens propre, ſignifie le ſoulévement des inférieurs contre leurs ſupérieurs; mais dans le ſens figuré, on dit, les ſens ſe *révoltent* contre la raiſon.

Masque, dans le sens propre, signifie ce que l'on met sur le visage, pour n'être pas reconnu ; mais quand on dit, c'est un homme qui ne sort jamais sans son *masque*, on veut dire, qu'il ne dit jamais sa pensée naturellement, & qu'il est toujours dissimulé.

On dit aussi : chez les Grands, il y a plus de *masque* que de visage.

On dit d'un homme qu'il a une *belle main*, pour dire qu'il forme, d'une maniere élégante, les caracteres de l'écriture ; & quand on dit, qu'il a une *belle plume*, on veut dire qu'il a un beau style, & qu'il est éloquent. Exemples. C'est une de nos *meilleurs plumes* ; ou un de nos *meilleurs Auteurs*.

Nous ne faisons que *nous* amuser, *nous* perdons *notre* temps, peut signifier, *vous* ne faites que *vous* amuser, *vous* perdez *votre* temps ; alors le pronom *nous*, est pris dans le sens figuré, il ne renferme point la personne qui parle : on est quelquefois obligé de s'énoncer ainsi par respect, ou pour ménager l'amour-propre des personnes à qui l'on parle, ou simplement par honnêteté.

Le mot *voix*, signifie le son qui sort de la bouche de l'homme, car on dit, une *voix* forte, une *voix* mâle ; alors *voix* est pris dans le sens propre : mais quand on dit, le mensonge ne sauroit étouffer la *voix* de la vérité ; alors le mot *voix* est au sens figuré. On dit aussi, la *voix* du Peuple est la *voix* de Dieu, pour dire, que le sentiment du Peuple, dans les matieres qui sont de son ressort, est le véritable sentiment.

On dit encore, il vaudroit mieux peser les *voix* que de les compter ; c'est-à-dire, qu'il vaudroit mieux suivre l'avis de ceux qui sont les plus savants & les plus sensés, que de se laisser entraîner aux sentiments aveugles du plus grand nombre.

DE L'HYPERBOLE.

L'*Hyperbole* eft une figure, par laquelle on donne plus ou moins d'extenfion à une idée, pour exprimer quelqu'excès ou quelque défaut ; ceux qui nous écoutent, fe forment une idée bien plus jufte de ce que nous voulons dire. Les perfonnes qui ont une imagination forte & l'efprit vif, fe fervent plus fouvent que les autres, des expreffions *hyperboliques*; elle ne peuvent s'en affouvir, parce qu'elles manquent d'expreffions juftes, ou que la vivacité de leur efprit ne leur donne pas le temps de choifir.

On doit ufer des expreffions *hyperboliques* avec la plus grande modération, en ajoutant toujours quelques modificatifs : comme, *fi l'on peut parler ainfi, pour ainfi dire,* &c... c'eft un défaut commun aux jeunes gens. Exemples. Des *torrents de larmes,* ou *des ruiffeaux de larmes*, coulerent des yeux de tous les Habitants ; ce cheval *court plus vîte que le vent* ; il *marche encore plus doucement qu'une tortue*. Cette figure eſt la reſſource des perſonnes qui ont l'eſprit petit & peu cultivé ; mais pour le peu que l'on ſoit inſtruit, on ne ſe ſent guère de goût d'imiter le bas peuple dans ſes expreſſions *hyperboliques*.

MÉTAPHORE.

LA métaphore eſt une figure par laquelle on tranſporte, pour ainſi dire, la ſignification d'un mot, à une autre ſignification qui ne lui convient qu'en vertu d'une comparaiſon que l'on a dans l'eſprit ; comme quand on dit, le menſonge ſe pare ſouvent des *couleurs* de la vérité. Dans cette phraſe, le mot *couleurs*, ne ſignifie plus cette lumiere modifiée, qui nous fait appercevoir les objets.

Il signifie les apparences, & cela par comparaison, entre le sens propre du mot *couleurs*, & les apparences que prend un homme qui nous en impose, sous le masque de la vérité. Quand nous disons, la *lumiere* de l'esprit : ce mot *lumiere* est pris métaphoriquement ; car, comme la *lumiere*, dans le sens propre, nous fait appercevoir les objets, de même la faculté de connoître éclaire l'esprit, & le met en état de porter un jugement.

Il y a cette différence entre la *métaphore* & la *comparaison*, que dans la *comparaison* on se sert de termes qui font connoître que l'on compare une chose à une autre. Par exemple, si l'on dit d'un homme violent & méchant, *c'est un tigre*, ce mot *tigre* est pris *métaphoriquement* ; la comparaison que l'on fait de cet homme avec un *tigre*, n'est que dans l'esprit, & elle n'est pas dans les termes. Mais si je dis : cet homme est *comme un tigre*, je fais alors une comparaifon de cet homme au *tigre*, & la comparaifon eft exprimée par le mot *comme*.

La Grammaire eft la *clef* des fciences, la logique eft la *clef* de la philofophie. Le mot *clef* eft pris métaphoriquement, puifque le mot *clef*, dans le fens propre, eft ce qui nous donne l'entrée d'une maifon fermée ; de même, la Grammaire & la logique nous donnent, pour ainfi dire, l'entrée dans les fciences profondes.

On dit, dans le même fens, qu'une ville fortifiée fur les frontieres d'un Royaume, ou d'un Empire, eft une des *clefs* de ce Royaume & de cet Empire.

La mufique a auffi fes *clefs*, qui donnent l'entrée du chant, parce qu'elles font connoître le nom que l'on doit donner aux notes.

On dit auffi, par métaphore, que la géographie & la chronologie, font les *yeux de l'hiftoire* ; ce qui fignifie que la géographie & la chronologie, font à l'égard de l'hiftoire perfonnifiée, ce que les *yeux* font à l'égard d'une perfonne ; par l'une elle voit, pour ainfi dire, les lieux, & par l'autre les temps.

Quand la métaphore eft réguliere, elle exprime aifément le rapport de la comparaifon ; mais fi la comparaifon n'eft pas jufte, ou qu'elle foit trop recherchée, la métaphore n'eft pas bonne : la métaphore ne doit rien avoir de bas, ni de mal-honnête, ni d'équivoque.

DE LA PÉRIPHRASE.

LA périphrafe eft un affemblage de mots, qui expriment en plufieurs paroles ce que l'on pourroit dire en moins, & fouvent en un feul mot. Par exemple. Un des plus grands de nos Rois auroit-il conquis en Héros fon Royaume, qu'il gouverna en pere tendre, fi le froid, les neiges, & les autres incommodités, inséparables de l'espéce humaine, ne l'avoient endurci, dès sa plus tendre enfance, à la fatigue du Soldat?

Est-il un François qui ne reconnût ici Henri le Grand, ou Henri IV ? Et qui ne désirât que ce bon Roi eût regné dans un siecle plus heureux que le sien ?

On dit aussi, *le flambeau de l'univers*, pour dire, le *soleil*. On dit encore, les trois *Déesses infernales*, pour dire *les Parques*.

Les Parques, sont trois Divinités du Paganisme, qui, dit-on, filoient les jours des mortels ; l'une des trois tenoit la quenouille ; l'autre, tournoit le fuseau ; la troisieme, avec ses ciseaux, coupoit le fil : on leur avoit donné des noms conformes à leurs emplois, *Clotho*, *Lachésis*, *Atropos* : ce que ces trois sœurs avoient réglé touchant le cours de la vie des hommes, ne se pouvoit plus changer :

c'étoient

c'étoient autant d'Arrêts irrévocables; ainſi, ſi l'on dit:

Que le ſoleil ſans nuage
Eclaire tous vos moments;
Que la *Parque*, dont l'ouvrage
Eſt de filer des inſtants, &c...

Pour entendre l'alluſion de ces quatre vers, on doit avoir dans l'eſprit *Lachéſis*, qui eſt le nom de celle qui s'occupe à filer la trame de nos jours.

On ſe ſert de *périphraſes*, par bien-ſéance, pour envelopper des idées baſſes ou trop communes. Les épithetes diſ-gracieuſes & déſagréables, s'expriment par adouciſſement avec des *périphraſes*; au lieu de dire, le *Bourreau*, on dit le *Maître des Hautes-Œuvres*; au lieu de dire, en parlant d'un homme qui a le cœur dur, c'eſt un *véritable Bourreau*, rien ne lui fait compaſſion, on dit, *c'eſt une ame inſenſible & impitoyable*.

La *périphraſe* ſert à éclaircir ce qui eſt

obfcur; ainfi, toutes les définitions, tant de mots que de chofes, font des *périphrafes*. Par exemple, fi je dis fimplement, *la géographie eft la defcription de la terre* : voilà une définition fimple, qui a befoin d'être développée pour être mieux comprife. Je dirai donc, par une *périphrafe*, la géographie eft la defcription *phyfique*, *morale*, *mathématique* & *politique* de la terre. La defcription *phyfique*, confifte à exprimer qu'un tel ou tel pays eft plus ou moins fertile en différentes chofes. La defcription *morale*, confifte à faire connoître les Lois, les mœurs, les Coutumes des différents Peuples. La defcription *politique*, confifte à expliquer les différentes fortes de Gouvernements, les différentes Lois civiles des Etats. La defcription *mathématique*, confifte à donner l'idée de l'étendue, de la fituation des Royaumes, des Provinces, relativement aux quatre points cardinaux,

Enfin, on se sert de *périphrase* pour l'ornement du discours, & pour embellir des pensées communes, en leur donnant plus d'extention ; les Poëtes en font un fréquent usage, pour amuser l'imagination par des images nobles & gracieuses : nous disons simplement, la *pointe du jour*, ou *l'aurore* ; un Poëte dira :

L'aurore cependant, au visage vermeil,
Ouvroit, dans l'Orient, le palais du soleil.
La nuit en d'autres lieux, portoit ses voiles sombres,
Les songes voltigeant fuyoient avec les ombres.

Nous mourrons tous également, voilà une pensée commune. Un Poëte dira, en embellisant cette pensée :

La mort a des rigueurs à nulles autres pareilles,
On a beau la prier,
La cruelle qu'elle est, se bouche les oreilles,
Et nous laisse crier.
Le pauvre en sa cabanne, où le chaume le couvre,
Est sujet à ses lois ;
Et la garde qui veille aux barrieres du Louvre,
N'en défend pas les Rois.

Cette pensée est infiniment plus belle & plus noble.

Au lieu de dire tout simplement, que c'est un Phénicien qui a inventé l'art d'écrire, si l'on dit :

C'est de lui que nous vient cet art ingénieux,
De peindre la parole, & de parler aux yeux;
Et par des traits divers, de figures tracées,
Donner de la couleur & du corps aux pensées.

Madame Deshoulieres se sert de deux *périphrases*, l'une pour désigner l'Orient, & l'autre pour désigner l'Occident.

L'ORIENT. {
Du rivage heureux,
Où vif & pompeux,
L'astre qui mesure
Les nuits & les jours,
Commençant son cours,
Rend à la nature
Toute sa parure.

L'OCCIDENT. {
Jusqu'en ces climats,
Où sans doute las
D'éclairer le monde,
Il va chez Thétis,
Rallumer dans l'onde
Ses feus amortis.

CONSTRUCTIONS GRAMMATICALES COMPLETTES.

LES parties conftituantes qui entrent dans la compofition d'une phrafe, quelqu'étendue qu'elle puiffe être, fe réduifent à fept. Les voici :

1°. *Le fujet*, eft ce qui fait l'action exprimée par le verbe ; il exprime le rapport de la phrafe entiere.

2°. *L'attribut*, exprime le jugement que l'on porte du fujet ; il eft toujours compofé d'un verbe & d'un adjectif, exprimé ou fous-entendu dans le verbe, ou fimplement il exprime ce que l'on juge du fujet.

3°. *L'objet*, qui repréfente ce qui reçoit les impreffions de l'action exprimée par le verbe.

4°. *Le terme*, c'eft ce qui exprime le but auquel tendent toutes nos actions, ou le but vers lequel se porte l'attribut.

5°. *Le circonstantiel*, est ce qui sert à déterminer l'attribut, à énoncer les qualités particulieres renfermées par l'attribut à l'égard des différents objets.

6°. *Le conjonctif*, qui sert à unir les objets sous les différents rapports qu'ils ont les uns à l'égard des autres.

7°. *L'adjoint*, est exprimé par des mots qui n'entrent dans la phrase que par forme d'accompagnement, & qui n'ont aucune liaison avec les autres parties de la phrase.

Nous allons faire quelques versions interlinéaires, dont nous analyserons les expressions, afin de reconnoître chacune des sept parties constituantes d'une phrase.

EXEMPLE.

Je vous envoie les livres que vous me demandez pour vous occuper utilement : vous ne pouvez, Monsieur, employer

mieux vos moments, qu'en vous occupant à la lecture de ces livres.

CONSTRUCTIONS.

Cette période a deux membres.

Je vous envoie les livres que vous me demandez, pour vous occuper utilement: c'est le premier membre.

Je, est le sujet de la période : c'est le nom de celui ou de celle qui fait l'action du verbe *envoie*.

Je, est un pronom personnel, à la premiere personne du singulier des deux genres, dans le sens actif.

Envoie, est le verbe à la premiere personne du singulier du présent de l'indicatif, de la premiere conjugaison.

Envoie les livres,

C'est l'attribut, c'est ce que l'on juge du sujet.

Les Livres,

Est le substantif avec son articles *les*, au pluriel masculin, dans un sens déterminé, parce que c'eſt le nom de la choſe demandée.

Vous,

L'objet, c'eſt un pronom ſubſtantif à la ſeconde perſonne du ſingulier maſculin, en tant qu'il eſt le nom de la perſonne à qui l'on *envoie* : le but vers lequel ſe porte l'attribut du verbe *envoie*.

Que vous me demandez,

C'eſt le terme de l'action, le déterminant du verbe *envoie* ; ce terme exprime la raiſon pour laquelle on *envoie*: *Je vous envoie les livres*; *leſquels livres vous me demandez, parce que vous me les demandez*. *Que*, eſt le pronom relatif au pluriel maſculin, comme ſon antécédent, *les livres*, *leſquels livres*. *Demandez*, eſt le verbe, à la ſeconde perſonne du ſingulier, en ſuivant notre uſage honnête, qui ne permet pas toujours que l'on diſe *tu demandes*.

Me, pronom perſonnel à la premiere perſonne

perſonne du ſingulier des deux genres, dans le ſens paſſif.

Pour vous occuper utilement,

Eſt un circonſtanciel; c'eſt la fin du premier membre de la période; elle ſert à déterminer l'attribut, à énoncer le motif, ou une circonſtance de l'action principale, *envoie*; *c'eſt pour vous occuper utilement que je vous envoie ces livres.* *Pour*, eſt une prépoſition motivale; *vous occuper utilement*, en eſt le complément. *Vous*, l'objet; *occuper*, le verbe à l'infinitif; *utilement*, adverbe de maniere.

Monſieur ou *Madame*, eſt l'adjoint, ſubſtantif honorifique. Ce mot n'entre d'aucune maniere dans la conſtruction de la phraſe, il ſe met toujours entre deux virgules; il n'a d'autre liaiſon avec les autres parties de la phraſe, que celle d'exprimer du reſpect & de la conſidération.

Vous ne pouvez mieux employer vos moments, qu'en vous occupant à la lecture de ces livres.

Cette phrase, qui fait partie de la période, est le second membre ; elle exprime une seconde circonstance. Elle est composée du sujet, *vous* ; de la négative conditionnelle, *ne* ; car, on a dans l'esprit, que le contraire de ce que la phrase exprime seroit mauvais. *Pouvez mieux employer vos moments*, est l'attribut ; *pouvez*, est le verbe ; *employer*, verbe à l'infinitif, c'est le déterminant du premier, *ne pouvez employer*.

Mieux, est un adverbe, il modifie les deux verbes ; c'est comme si l'on disoit, *vous ne pouvez mieux employer mieux vos moments. Vos*, pronom possessif absolu, à la seconde personne du pluriel, suivant l'usage ; cependant il est à la seconde personne du singulier, *tu ne peux.*

Moments, subftantif, au pluriel mafculin.

Que, eft le conjonctif circonftanciel ;
en, eft une prépofition.

Vous occupant à la lecture de ces livres.

Eft l'attribut total ; *occupant*, eft un
gérondif : il marque ici l'état du fujet,
vous.

A la lecture de ces livres.

A, prépofition ; *la lecture*, en eft le
complément, compofé du fubftantif abftrait *lecture*, perfonnifiée avec fon article
la, au fingulier féminin.

De ces livres.

Eft le déterminant de *lecture*. *De*,
prépofition ; *ces livres*, eft le complément.
Ces, pronom démonftratif ; *livres*, eft
l'objet indiqué, comme étant bon de fa
nature, comme renfermant des chofes
utiles.

Seconde Version interlinéaire.

Songez a vous faire estimer,
Plus qu'à vous rendre aimable;
Le faux honneur de tout charmer,
Détruit le véritable.

Construâions Grammaticales.

CEtte petite période est composée de deux membres.

Songez à vous faire estimer,
Plus qu'à vous rendre aimable.

C'est le premier membre. *Songez,* est à l'impératif, ce verbe exprime le sujet elliptique, en tant qu'il marque l'action de la personne qui commande, qui prie, qui exhorte. Il signifie, *ayez la pensée de...* à laquelle vous ne pensez pas, quoique très-importante pour votre bonheur.

A vous faire estimer.

C'est l'attribut, c'est ce que le sujet elliptique recommande expreflément de faire. *A*, prépofition ; *vous faire eftimer*, eft le complément ; *vous*, eft l'objet, parce qu'il eft le nom de la perfonne qui reçoit le commandement ; *faire*, eft le verbe, dont, *eftimer*, eft le déterminant , parce qu'il exprime la chofe qu'il faut faire , à laquelle , *vous*, ne fonge pas.

Plus qu'à vous rendre aimable.

C'est le terme, en tant qu'il exprime le but vers lequel fe porte l'attribut. *Plus que*, eft une expreffion adverbiale, qui fignifie *infiniment davantage* ; *à*, prépofition qui met en rapport la chofe à laquelle on ne fonge pas, avec celle à laquelle on doit fonger ; car, telle eft la force de cet *à*.

Vous, pronom fubftantif, à la feconde perfonne du fingulier féminin , dont *ai-*

mable, est l'adjectif ; *rendre*, verbe à l'infinitif de la quatrieme conjugaison.

Rendre, a ici une acception particuliere ; il signifie en cette occasion, *faire
devenir*, être cause qu'une personne ou
une chose devient ce qu'elle n'étoit pas ;
car, on dira bien : sa conduite sage l'a
rendu respectable ; ce qui est un sens bien
différent de *rendre* une visite, *rendre* un
dîner, &c. Ainsi, *rendre aimable*, signifie, faites vos plus grands efforts pour
devenir ce que le sujet elliptique désire
que vous deveniez : tel est le sens du
verbe *rendre*.

> *Le faux honneur de tout charmer,*
> *Détruit le véritable.*

C'est le second membre de la période.
Le faux honneur, ou, pour mieux dire,
le *déshonneur*, individu métaphysique
personnifié, au singulier masculin ; c'est
le sujet.

De tout charmer, détruit le véritable.

C'eſt l'attribut complexe, parce qu'il exprime deux jugements, qui ſont exprimés par les deux verbes, *charmer* & *détruit.* *Le véritable*; *le*, article; *véritable*, adjectif elliptique : le ſubſtantif *honneur* eſt ſous-entendu.

LA Grammaire tient à des principes philoſophiques, qu'il faut mettre à la portée des jeunes gens. La Syntaxe, ſur-tout, préſente des regles très-multipliées & difficiles, qu'il eſt eſſentiel de leur faire entendre; ce qui ne ſe peut faire qu'en appliquant ces principes épineux & abſtraits, à des exemples intéreſſants & faciles à ſaiſir : c'eſt pourquoi les jeunes gens, qui veulent lire avec ſuccès, doivent beaucoup s'appliquer à ces ſortes de conſtructions; c'eſt l'unique moyen de profiter de ce qu'on lit, & d'acquérir une idée nette de la ſignification d'un mot, pris dans le ſens grammatical. Le

Maîtres ne peuvent trop exercer leurs Diſciples à faire des conſtructions, en commençant par celles qui ſont avant le chapitre qui traite du verbe dans cet Ouvrage. Je penſe qu'un plus grand nombre d'exemples feroit ici inutile ; il faut néceſſairement la préſence du Maître, au moins quelques femaines d'un travail aſſidu.

PRINCIPES GÉNÉRAUX

SUR LA

VERSIFICATION

FRANÇOISE.

LA forme des vers françois ne consiste que dans le nombre des syllabes ;
on en compte communément de cinq
sortes : de douze syllabes , que l'on
nomme *alexandrins , héroïques* ou
grands vers ; de dix, que l'on nomme
communs ; de huit , de sept & de six.

Les vers qui ont moins de six syllabes, ne s'emploient que dans les pieces

badines, ou dans celles qui font faites pour être mifes en mufique.

EXEMPLE.

Aux demi-Dieux que Flore enchante,
J'ai dit : venez.
C'eſt une énigme que je chante :
Or, devinez.
Mais craignez que d'un trait de flamme,
Certain enfant,
N'en imprime, au fond de votre ame,
Le mot charmant.

Les vers les plus harmonieux font de douze fyllabes ; on les emploie dans les tragédies, les élégies, les comédies & autres piéces férieufes.

On nomme élégie, un poëme qui s'emploie dans les fujets triftes & plaintifs : principalement dans ce qui regarde l'amour.

PREMIERE REGLE.

Quand un vers eſt terminé par un e muet, on compte une fyllabe de plus, excepté ceux qui fe trouvent terminés

par les lettres *nt*, dans les troisiemes personnes du pluriel de l'indicatif, & du
conditionnel présent : comme, *ils* ou
elles aiment; *ils* ou *elles aimoient*; *ils*
ou *elles aimeroient*.

I I. REGLE.

Quand, dans le corps d'un vers, un
mot est terminé par un *e* muet, &
que le mot qui suit commence par une
voyelle, ou par une *h* non aspirée, il
y a ellipse.

EXEMPLES.

Dieu sait, quand il lui plaît, faire *éclater* sa gloire /
Et son peu*ple* est toujours présent à sa mémoire.

D'une secr*ete horr*eur, je me sens frissonner.

I I I. REGLE.

Quand un mot finit par une voyelle,
excepté l'*e* muet, le mot suivant ne doit
pas commencer par une voyelle, ni par
une *h* non aspirée; ainsi, dans le corps
d'un vers, on ne pourroit pas y faire
entrer ces mots. *La loi équitable, Dieu*

éternel, *le vrai honneur :* cette regle eſt indiſpenſable.

IV. REGLE.

Quand l'*h* eſt aſpirée, elle peut être précédée d'un mot qui finit par une voyelle.

EXEMPLES.

Dieu, qui voyez *ma honte*, où dois-je me cacher?
Si je *la haïſſois*, je ne la fuirois pas.

V. REGLE.

Il faut éviter dans les vers, que la conjonction &, ſe trouve ſuivie d'un mot qui commence par une voyelle ; ainſi, ce vers n'eſt pas bon.

Qui ſert & aime Dieu, poſſede toutes choſes.

Il faut dire :

Aimer & ſervir Dieu, c'eſt poſſéder toutes choſes.

VI. REGLE.

Un mot terminé par une diphthongue, ne peut être ſuivi d'un mot qui commence par une voyelle ; ainſi, les vers ſuivants ſont défectueux.

La premiere fois qu'un renard ,
'Apperçut le *lion* animal redoutable ;
Il eut une peur effroyable ,
Il s'enfuit bien *loin à* l'écart.

DE LA CÉSURE.

LA césure est un repos qui coupe le vers en deux parties , dont chacune se nomme hémistiche ou demi-vers ; ce repos bien ménagé , contribue beaucoup à la cadence & à l'harmonie des vers françois : les regles de la césure sont renfermées dans les vers suivants.

Ayez pour la cadence, une oreille sévere ;
Que toujours dans vos vers , le sens coupant les mots ;
Suspende l'hémistiche , en marque le repos.

PREMIERE REGLE.

Il n'y a que les vers de douze & de dix syllabes , qui aient une césure. La césure des vers de douze syllabes , doit se trouver à la sixieme syllabe ; & ceux de dix syllabes, ont leur césure à la fin de la quatrieme.

EXEMPLES pour le premier cas.

Justes, ne craignez point - le vain pouvoir des hommes,
Quelque élevés qu'ils soient, - ils sont ce que nous sommes.

Pour le second cas.

L'esclave craint - le tiran qui l'outrage;
Mais des enfants - l'amour est le partage.

II. REGLE.

Il n'est pas nécessaire, pour la régularité de la césure, que le sens finisse absolument.

EXEMPLES.

Tant de fiel entre-t-il - dans l'ame des dévots?

Que de ton bras - la force les renverse.

III. REGLE.

Le repos d'un vers ne peut se rencontrer, ni entre l'adjectif & le sub-

ſtantif, ni entre l'article & le ſubſtantif,
à moins qu'il ne ſe trouve pluſieurs adjectifs après le ſubſtantif.

EXEMPLES.

Morbleu, c'eſt une choſe - *indigne*, *lâche* & *infâme*;
De s'abaiſſer ainſi, juſqu'à - trahir ſon ame.

Ainſi, cette phraſe, quoique de douze
ſyllabes, ne forme pas un vers.

Que peuvent tous les foibles humains devant Dieu ?

Il faut dire :

Que peuvent contre *Dieu* - *tous* les foibles humains ?

IV. REGLE.

Le repos d'un vers ne peut ſe rencontrer à la fin d'un adverbe monoſyllabe : comme, *plus*, *très*, *fort*, *bien*,
mal, *peu*, &c.

EXEMPLES.

Ce jargon n'eſt pas fort - néceſſaire, me ſemble;
Si le chef n'eſt pas bien - d'accord avec ſa tête;

V. REGLE.

La céſure ne peut ſe rencontrer entre

un pronom perſonnel & un verbe.

E X E M P L E S.

Je me flatte que vous *me - rendrez* votre eſtime.
Songeons que la mort *nous - ſurprendra* quelques
jours.

V I. R E G L E.

Les pronoms *ce*, *ces*, *mon*, *ma*, *que*,
qui, *quel*, *dont*, *lequel*, *laquelle*, ne
peuvent former un bon vers; ainſi, les
vers ſuivants ſont défectueux.

Fuyons les vices *qui - nous* font perdre la grace.

Tant mieux, vous ſaurez *que - depuis* tantôt la belle,
Sent toujours de ſon mal - *quelque* criſe nouvelle.

Celui, *celle* & *ceux*, s'y ſouffrent quelquefois.

E X E M P L E.

Il n'eſt fort qu'entre *ceux* que tu prends par centaines,
Qui ne puiſſe arrêter un rimeur ſix ſemaines.

V I I. R E G L E.

Le verbe ſubſtantif *être*, ſuivi d'un
nom adjectif, ne peut pas être ſéparé
par la céſure, ſur-tout quand il eſt à la
troiſieme

troifieme perfonne du fingulier du préfent de l'indicatif; ainfi, les vers fuivants
ne font pas réguliers.

On fait que la chair *eft - fragile* quelquefois.
Si notre efprit *n'eft - fage* à toutes les heures.
Les plus courtes *erreurs - font* toujours les meilleures.

VIII. REGLE.

Les verbes auxiliaires, immédiatement
fuivis des participes, ne doivent pas être
féparés de la céfure.

EXEMPLE.

Que vous ferez toujours , quoique l'on fe propofe,
Tout ce que vous *avez - été* durant vos jours.

Ce dernier vers eft défectueux.

IX. REGLE.

Quand deux verbes, ou un verbe,
avec un nom, font un fens indivifible,
la céfure ne doit pas les féparer.

EXEMPLES.

Mon pere , quoiqu'il *eût - la tête* des meilleures ,
Ne m'a j'amais rien *fait - apprendre* que mes heures.

Si bien que le *jugeant - mort* après ce temps-là,
Il vint en ville, & *prit - le* nom qu'il a.

X. REGLE.

La césure ne peut pas se trouver entre
un verbe & les négations, *ne pas*, *ne
point*, ou tout autre adverbe négatif.

EXEMPLES.

Non, je ne *souffrirai - pas* un pareil outrage.
Croyez que vous *n'aurez - jamais* cet avantage.

XI. REGLE.

La césure est mauvaise, quand elle
se trouve entre une préposition & son
complément.

EXEMPLES.

Peut-être encore qu'*avec - toute* ma suffisance,
Votre esprit manquera *dans - quelque* circonstance

Si j'avois fait *cette - bassesse* insigne,
De vous revoir *après - ce* traitement indigne.

J'y suis encore *malgré - tes* infidélités.

En général la césure n'est pas bonne,
quand elle ne satisfait pas l'oreille ; ce
n'est que par une lecture réfléchie que

l'on peut en juger, ou par les remarques qu'une perſonne inſtruite nous fait obſerver.

Des licences de la Verſification.

LES Poëtes ſe permettent certaines licences, en employant quelques mots dont on ne ſe ſerviroit pas dans la proſe, pour donner plus de nobleſſe & de grace à leurs vers. On peut mettre les *mor tels*, pour les *hommes* & pour les *humains* ; *forfaits*, pour *crimes* ; *courſier*, au lieu de *cheval* ; *glaive*, pour *épée* ; les *ondes*, au lieu des *eaux* ; *flanc*, pour *ſein* ; *antique* pour *ancien* ; l'*Éternel*, ou l'*Immortel*, ou le *Créateur*, ou l'*Étre Tout-Puiſſant*, au lieu de *Dieu* ; *hymen*, ou *hyménée*, pour le *mariage* ; *eſpoir*, a plus de grace & de nobleſſe qu'*eſpérance*.

Il eſt très-ordinaire aux Poëtes, de

supprimer l'*e* muet du mot *encore*, pour le faire de deux syllabes, en écrivant *encor*, au lieu de *encore*.

On fait aussi quelquefois le mot *avec*, de trois syllabes, en y ajoutant *que*, & en écrivant *avecque*, pour *avec*.

EXEMPLE.

Quittons donc pour jamais une ville importune;
Où l'homme est en guerre *avecque* la fortune.

Des Regles essentielles qu'il faut observer pour l'exactitude de la Rime.

LA rime fait la plus grande beauté des vers; c'est une convenance de son à la fin de chaque vers.

La rime n'étant que pour l'oreille, on doit plutôt en juger par le son, que par l'orthographe; ainsi, *repos* peut rimer avec *maux*; d'où il suit les regles suivantes.

PREMIERE REGLE.

Si les finales des syllabes de deux vers s'écrivent de la même maniere , & se prononcent différemment , les rimes sont mauvaises.

EXEMPLE.

Ma colere revient, & je me reconnois.
Immoler en partant trois ingrats à la fois.

II. REGLE.

On ne considere que le son de la derniere syllabe d'un vers, pour la rime masculine ; ainsi, *vérité*, rime avec *piété* ; *raison*, avec *maison* ; *malheur*, avec *douleur* ; *succès*, avec *procès*, &c.

III. REGLE.

Dans les vers féminins , la derniere syllabe ne suffit pas ; ainsi, *demande*, ne rime pas avec *monde*; *louange*, avec *mensonge* ; *modele*, avec *scandale*. Il faut avoir égard à la pénultieme syllabe ; ainsi, *monde*, rime avec *profonde* ; de-

mande, avec *offrande* ; *louange*, avec *mélange* ; *modele*, avec *parallele* ; *fcandale*, avec *morale*.

IV. REGLE.

Les rimes font d'autant plus riches, que les pénultiemes fyllabes fe reffemblent ; ainfi, *plaifir*, qui rime avec *foupir*, rime encore mieux avec *défir* ; *lien*, qui rime avec *gardien*, rimera encore mieux avec *Italien*.

V. REGLE.

Les rimes terminées en *ai*, qui a le fon de l'*é* fermé, riment avec l'*é* fermé.

VI. REGLE.

Une rime au fingulier, ne rime pas avec une rime au pluriel, quoiqu'elles aient le même fon ; ainfi, *aimable*, ne rimeroit pas avec *les fables* ; *les difcours*, avec *un jour* ; ni *vanités*, avec *vérité*, ou vous *méritez*.

VII. REGLE.

Les verbes à l'imparfait, ne peuvent rimer avec des fubftantifs, quoiqu'ils aient à-peu-près le même fon; ainfi, *marquoit*, ne rime point avec *bouquet*, ni même *j'aimois*, avec *jamais*.

VIII. REGLE.

La troifieme perfonne du pluriel des verbes terminés en *ent* ou en *oient*, ne doivent jamais rimer qu'avec d'autres troifiemes perfonnes des verbes, qui aient les mêmes terminaifons; ainfi, *ils difent*, ne rimeroit pas avec *marchandifes*; ni *ils faffent*, avec *furface*; mais *ils difent*, rimeroit bien avec *ils lifent*; *ils faffent*, avec *ils effacent*.

IX. REGLE.

Quand un mot eft terminé par un *t*, il ne peut rimer qu'avec un mot qui foit auffi terminé par un *t*, ou par un *d*; ainfi, *hafard*, rimera bien avec *départ*;

verd. avec *couvert* ; *nid* , avec *fruit* ;
accord , avec *fort* ; *sourd* , avec *court* , &c.

X. REGLE.

L'*l* mouillée ne peut jamais rimer
avec l'*l* simple ; ainsi, *travail* , ne rimeroit pas avec *cheval* ; ni *merveille* , avec
nouvelle ; ni *famille* , avec *tranquille*.

XI. REGLE.

Un mot simple ne rime pas avec son
composé ; par exemple , *écrire* , avec
souscrire ; *voir* , avec *prévoir* ; *mettre* ,
avec *remettre* ni *démettre* ; *faire* , avec
son composé *défaire* ni *refaire*.

XII. REGLE.

Un mot ne peut rimer avec lui-même,
à moins qu'il ne soit pris dans des significations différentes ; ainsi , la rime de
ces deux vers est irréguliere.

Les Chefs & les Soldats ne se connoissent *plus* ;
L'un ne peut commander, l'autre n'obéit *plus*.

Au lieu qu'il n'y a rien de répréhen-
sible

fible dans les rimes des vers fuivants.

Prends-moi le bon parti, laiffe là tous les *livres*.
Cent francs, au denier cinq, combien font-ils? Vingt
    livres.

Cependant, par un fort que je ne connois *pas*,
Votre douleur redouble & croît à chaque *pas*.

Quand notre hôte charmé, m'avifant fur ce *point*:
Qu'avez-vous donc, dit-il, que vous ne mangez *point*?

    Pour favoir où la belle eft *allée*,
Va-t-en chercher par-tout, j'attends dans cette *allée*

    Suffit, j'en fuis *quitte*:
Après ce que j'ai dit, fouffrez que je vous *quitte*.

Il eft vrai, cher Crifpin; mais enfin tu fens *bien*,
Que cela ne fait prefque pas le quart du *bien*.

XIII. REGLE.

La terminaifon des verbes à l'infinitif
de la premiere conjugaifon, qui fe prononce ordinairement comme un *é* fermé,
ne peut rimer avec les noms terminés
en *er*, qui ont le fon de l'*é* ouvert; ainfi,
aimer, *triompher*, *mériter*, *chercher*,
confier, que l'on prononce *aimé*, *triom-*
phé, *mérité*, *cherché*, *confié*, ne pour-

Dd

roient rimer avec *mer*, *enfer*, *amer*, *Jupiter*, *hiver*, &c. Par conséquent, les vers suivants sont mauvais.

Hé bien, brave Acomat, si je leur suis *cher*,
Que des mains de Roxane ils viennent m'*arracher*.

Attaquons dans leurs murs ces Conquérants si *fiers*;
Qu'ils tremblent à leur tour pour leurs propres *foyers*.

XIV. REGLE.

Les voyelles longues ne doivent jamais rimer avec les voyelles bréves ; ainsi, les vers suivants sont défectueux.

Si ce n'est pas assez de vous céder un *trône*;
Prenez encor le mien, & je vous l'*abandonne*.

C'est à l'oreille à juger si les voyelles sont longues ou bréves, & si elles peuvent ou ne peuvent former une bonne rime.

XV. REGLE.

L'hémistiche d'un vers ne doit jamais avoir le même son que la rime.

EXEMPLE.

Il ne tiendra qu'à *toi* de partir avec *moi*.

Ainsi ce vers est mauvais.

L'hémistiche ne doit pas rimer avec le vers qui précéde, ni avec le vers qui suit.

EXEMPLES.

Il en eſt que le Ciel guida dans cet *Empire*,
Moins pour nous *conquérir*, qu'afin de nous *inſtruire!*

Un fiacre me couvrant d'un déluge de boue,
Contre le mur *voiſin* m'écrafe de ſa roue.
En voulant me fauver des porteurs *inhumains*,
De leur maudit bâton, me donnent dans les *reins!*

Sinon demain *matin*, ſi vous le trouvez bon,
Je mettrai, de ma *main*, le feu dans la maiſon.

Ce défaut a quelquefois de la grace, comme dans les vers fuivants; mais il faut ufer de cette licence avec une grande circonfpection.

EXEMPLES.

Tantôt la terre ouvroit ſes entrailles profondes;
Tantôt la mer rompoit la prifon de ſes ondes.

Là, *le corps immortel*, à notre ame obéit:
Ici, *le corps mortel*, l'aveugle & le trahit.

Qui cherche *& aime* Dieu, dans lui seul se repose ;
Qui craint *& aime* Dieu, ne craint rien autre chose.

De la Rime.

LE mélange des vers, suivant les différentes manieres dont on peut arranger
les rimes masculines & féminines, se
divise en rimes suivies & en rimes entremêlées.

PREMIERE REGLE.

La rime est suivie, lorsque dans une
stance de huit ou de dix vers, on en
met alternativement deux masculins &
deux féminins ; ou, ce qui revient au
même, deux féminins & deux masculins.

II. REGLE.

Les rimes sont entremêlées de différentes manieres :

1°. D'un vers masculin, suivi d'un vers
féminin alternativement : ou *vice versâ.*

2°. D'un vers masculin, suivi de deux vers féminins, & le quatrieme masculin, ou *vice versâ*.

III. REGLE.

On doit éviter que deux rimes au féminin, aient le même son que deux autres rimes au féminin, & *vice versâ*.

EXEMPLES.

Par les mêmes serments, Britannicus se *lie*;
La coupe, dans ses mains, par Narcisse est rem*plie*;
Mais ses levres à peine en ont touché les bords,
Le fer ne produit point de si puissants efforts,
Madame, la lumiere à ses yeux est ra*vie*,
Il tombe sur son lit, sans chaleur & sans *vie*.

IV. REGLE.

On doit éviter que deux rimes féminines, aient le même son que les rimes masculines; ainsi, les vers suivants ne sont pas bons.

Et toutes les vertus dont s'éblouit la *terre*,
Ne sont que faux brillants & que morceaux de *verre*
Un injuste Guerrier, terreur de l'Univers,
Qui, sans sujet, courant chez cent peuples divers.

Les différentes parties d'une Ode, s'appellent strophes ; dans les Chansons, les parties se nomment couplets ; & dans les Pseaumes, versets. Les strophes sont ordinairement de quatre, de six, de huit ou de dix vers.

Une Ode est une suite de strophes sur le même sujet. Quand les stances ou strophes sont d'un même nombre de vers, avec un mélange de rimes également distribuées, on les appelle régulieres.

Il est nécessaire, pour la perfection des stances, que celles qui sont faites sur un même sujet, commencent & finissent par les mêmes rimes.

Le dernier vers d'une stance, ne doit jamais rimer avec le premier vers de la stance suivante ; & le sens du discours, doit finir à la fin de chaque strophe.

Les stances de quatre vers peuvent s'entremêler, en faisant rimer le premier vers avec le dernier ou avec le troisieme

Les stances de six vers doivent com

mencer par deux vers de la même rime,
& il doit y avoir un repos à la fin du
troisieme vers; si les deux vers de même
rime se trouvent être les derniers, le
repos au troisieme vers n'est pas nécessaire.

Les stances de huit vers, sont ordinairement composées de deux quatrins
joints ensemble, dans chacun desquels
les vers sont entremêlés, comme nous
l'avons déjà dit : le repos doit se trouver
à la fin du premier quatrin.

On peut encore, dans les stances de
huit vers, arranger les rimes de maniere qu'elles commencent & finissent
par deux vers, qui aient chacun la même
rime ; & que des six vers qui restent,
il y en ait trois sur une même rime &
trois sur une autre : ce qu'il est aisé
de s'imaginer, sans en donner des
exemples.

Les stances de dix vers, ne sont proprement qu'un quatrain & un sixain

joints enſemble , dans chacun deſquels les rimes s'entremêlent , comme nous venons de le dire.

Ce que ces ſtances ont de particulier & ce qui en fait l'harmonie , ce ſont deux repos , dont l'un doit être à la fin du quatrieme vers , & l'autre à la fin du ſeptieme , comme on le voit dans cette ſtance.

E X E M P L E.

Montrez-nous , Guerriers magnanimes ;
Votre vertu dans tout ſon jour.
Voyons comment vos cœurs ſublimes ,
Du fort , ſoutiendra le *retour.*
Tant que la faveur vous ſeconde ,
Vous êtes les Maîtres du monde :
Votre gloire nous *éblouit.*
Mais au moindre revers funeſte ,
Le maſque tombe , l'homme reſte ,
Et le héros s'évanouit.

REGLES qu'il faut observer pour les Stances dont le nombre des vers est impair.

IL faut observer dans ces stances, que généralement elles doivent être composées de trois vers sur la même rime, séparés par des rimes différentes ; on peut cependant en mettre deux de suite ; mais il faut user de cette licence modérément.

Exemple pour les Stances de cinq vers.

J'ai tâché d'étouffer ces flammes criminelles,
Qui m'ont fait mépriser votre juste courroux:
Je déclare la guerre à mes sens infidelles,
Et veux les élever aux choses éternelles,
Mais je ne puis, mon Dieu, les dompter que par vous.

Stances de sept vers.

Elles doivent commencer par un quatrin, & se terminer par un trecet ; le sens fini doit se trouver à la fin du quatrin.

EXEMPLE.

L'hypocrite, en fraude fertile,
Dès l'enfance est pétri de fard.
Il sait colorer avec art,
Le fiel que sa houche distile ;
Et la morsure du serpent,
Est moins aiguë & moins subtile,
Que le venin que sa bouche répand.

Stances de neuf vers.

Ces stances sont composées d'un quatrin & d'une stance de cinq vers.

EXEMPLE.

Homere adoucit les mœurs
Par ses riantes images ;
Sénéque, aigrit mes humeurs ;
Par ses préceptes sauvages.
Envain, d'un ton de Rhéteur ;
Epictete, à son Lecteur,
Prêche le bonheur suprême :
J'y trouve un consolateur,
Plus affligé que moi-même.

Les principaux ouvrages de poésie ?

après l'*Ode*, font, le *Sonnet*, la *Fable*, le *Rondeau*, le *Madrigal*, l'*Epigramme*, l'*Idylle* & la *Romance*, dont chacun a des regles particulieres, que je vais expliquer fuccinctement, avec des exemples.

Du Sonnet.

LE fonnet eft compofé de quatorze vers de douze fyllabes, ou de dix feulement, pour les fujets légers ou badins. Ces quatorze vers font partagés en deux quatrins & deux trecets. Les rimes mafculines des deux quatrins, doivent être femblables & entremêlées de la même maniere, dans l'une comme dans l'autre.

Les deux premiers vers du premier trecet, doivent être femblables, & le repos doit être à la fin du troifieme.

EXEMPLE.

SONNET dont les vers sont de dix syllabes.

> Je commence à vous méconnoître :
> Vous me fuyez, ingrate; eh quoi !
> Votre cœur si tendre pour moi,
> Pourroit-il bien ne le plus être ?

> Je crains bien que ce petit traître
> Ne m'ait déjà manqué de foi :
> On le croit souvent tout à soi,
> Qu'on n'en est pas toujours le maître.

> Le changement vous est si doux,
> Que, quand on est bien avec vous,
> On n'ose s'en donner la gloire.

> Celui qui peut vous arrêter,
> A si peu de temps pour le croire,
> Qu'il n'en a pas pour s'en vanter.

Autre Sonnet, dont les vers sont de douze syllabes.

S'éleve qui voudra, par force ou par adresse,
Jusqu'au sommet glissant des grandeurs de la Cour;
Moi, je veux, sans quitter mon aimable séjour,
Loin du monde & du bruit, rechercher la sagesse.

Là , sans crainte des Grands , sans faste & sans tristesse ,
Mes yeux , après la nuit , verront naître le jour.
Je verrai les saisons se suivre tour-à-tour ,
Et dans un doux repos j'attendrai la vieillesse.

Ainsi , lorsque la mort viendra rompre le cours
De ces moments heureux qui composent mes jours ;
Je mourrai chargé d'ans , inconnu , solitaire.

Qu'un homme est misérable à l'heure du trépas ,
Lorsqu'ayant négligé le seul point nécessaire ,
Il meurt connu de tous , & ne se connoît pas !

Du Rondeau.

LE rondeau est composé de treize vers de dix syllabes ; savoir , huit masculines semblables , & cinq féminines semblables. A la fin du huitieme vers , & à la fin du treizieme , il y a un refrain , qui est une répétition des premiers mots du premier vers.

Le rondeau a nécessairement deux repos , le premier à la fin du cinquieme vers , & le second repos , après le premier refrain.

RONDEAU.

Ma foi c'est fait de moi, car Ifabeau
M'a conjuré de lui faire un rondeau :
Cela me met en une peine extrême.
Quoi, treize vers, huit en *eau*, cinq en *éme*!
Je lui ferois auffi-tôt un bateau.
En voilà cinq pourtant en un monceau :
Faifons-en huit en invoquant Brodeau,
Et puis mettons, par quelque ftratagême;
     Ma foi c'est fait.

Si je pouvois encor de mon cerveau
Tirer cinq vers, l'ouvrage feroit beau :
Mais cependant me voilà dans l'onzieme,
Et fi je crois que je fais le douzieme :
En voilà treize ajuftés au niveau.
     Ma foi c'est fait.

Du Madrigal.

LE madrigal eft une petite piece de
poefie à peu près femblable à l'épigramme,
qui renferme, dans fix ou douze vers,
une penfée ingénieufe ou galante ; exprimée avec fineffe & beaucoup de déli-

eateſſe. L'épigramme diſſere du madrigal,
en ce que le dernier vers de l'épigramme
doit avoir une chûte plus vive, qui exprime toute la force de la penſée : le
ſel de l'épigramme doit être renfermé dans
le dernier vers.

MADRIGAL.

Vos yeux ſont beaux, mais votre ame eſt plus belle ;
    Vous êtes ſimple & naturelle,
Et, ſans prétendre à rien, vous triomphez de tous ;
Si vous euſſiez vécu du temps de Gabrielle,
    Je ne ſais ce que l'on eût dit de vous,
    Mais on n'auroit pas parlé d'elle.

EPIGRAMME.

Liſe a beau faire la mignarde,
Chaque jour elle s'enlaidit.
Ce n'eſt pas que j'y regarde ;
Mais tout le monde le dit.

MADRIDAL.

O Dieu ! que mon Iris eſt belle ;
Et que je l'aime tendrement !
Je meurs de douleur abſent d'elle ;
Et de plaiſir en la voyant.

Autre.

De toutes les façons vous avez droit de plaire ;
Mais sur-tout vous savez nous charmer en ce jour.
Voyant vos yeux bandés , on vous prend pour
     l'amour ,
Les voyant découverts, on vous prend pour sa mere.

EPIGRAMME.

Ami , je vois beaucoup de bien
Dans le parti qu'on me propose ;
Mais toutefois ne pressons rien ,
Prendre femme est étrange chose :
Il faut y penser mûrement.
Gens sages, en qui je me fie,
M'ont dit : c'est faire prudemment
Que d'y penser toute sa vie.

Autre.

Je sais qu'il est indubitable ,
Que , pour former œuvre parfait,
Il faudroit se donner au diable ;
Et c'est ce que je n'ai pas fait.

Stances qui peuvent être mises en musique.

Cessez, cessez, charmante Iris,
    De calculer votre âge :
Toujours les grâces & les ris
    Sont sur votre visage.
Vous êtes toujours du printemps ;
    Une image nouvelle ;
C'est savoir arrêter le temps,
    Que d'être toujours belle.

Autres.

Cessez de vous plaindre des Dieux
    Qui vous ont fait petite ;
Loin d'être un défaut à mes yeux,
    C'est pour vous un mérite.
J'en appelle à l'antiquité,
    Contre quiconque en raille ;
Les trois Grâces (*a*), en vérité,
    Etoient de votre taille.

(*a*) Vénus, selon la Fable, est la Déesse des amours ; les trois *Grâces*, qui sont aussi des Divinités, sont filles de Vénus. Les Poëtes les nomment *Aglaë*, *Thalie* & *Euphrosine* : elles étoient les compagnes de cette Déesse. Ce cortege étoit digne de la mere des amours, en ce qu'il est l'attribut de la beauté.

De l'Idylle.

L'IDYLLE est un poëme, dans lequel on peut traiter de toutes sortes de matieres; mais qui roule plus ordinairement sur quelque sujet pastoral ou amoureux. On y peut faire parler les bergers & même les animaux.

IDYLLE de Madame **DESHOULIERES.**

Hélas, petits Moutons, que vous êtes heureux !
Vous paissez dans nos champs, sans soucis, sans
      alarmes :
      Aussi-tôt aimés qu'amoureux,
On ne vous force point à répandre des larmes;
Vous ne formez jamais d'inutiles désirs,
Dans vos tranquilles cœurs l'amour suit la nature :
Sans ressentir ses maux, vous avez ses plaisirs.
L'ambition, l'honneur, l'intérêt, l'imposture,
      Qui font tant de maux parmi nous,
      Ne se rencontrent point chez vous;
Cependant nous avons la raison en partage,
      Et vous en ignorez l'usage.
Innocents animaux, n'en soyez point jaloux;
      Ce n'est pas un grand avantage.

Cette fiere raifon , dont on fait tant de bruit ,
Contre les paffions , n'eft pas un fûr remede.
Un peu de vin la trouble , un enfant la féduit ;
Et déchirer un cœur , qui l'appelle à fon aide ,
        Eft tout l'effet qu'elle produit.
        Toujours impuiffante & févere ,
Elle s'oppofe à tout & ne furmonte rien.
        Sous la garde de votre chien ,
Vous devez beaucoup moins redouter la colere
        Des loups cruels & raviffants ,
Que fous l'autorité d'une telle chimere ,
        Nous ne devons craindre nos fens.
Ne vaudroit-il pas mieux vivre comme vous faites ,
        Dans une douce oifiveté ?
Ne vaudroit-il pas mieux être comme vous êtes ,
        Dans une heureufe obfcurité ?
        Que d'avoir , fans tranquillité ,
        Des richeffes , de la naiffance ,
        De l'efprit & de la beauté.
Ces prétendus tréfors , dont on fait vanité ,
        Valent moins que votre indolence ;
Ils nous livrent fans ceffe à des foins criminels :
        Par eux plus d'un remords nous ronge ;
        Nous voulons les rendre éternels ,
Sans fonger qu'eux & nous , pafferons comme un
        fonge.
        Il n'eft dans ce vafte univers ,
        Rien d'affuré , rien de folide.
        Des chofes ici-bas la fortune décide ,

Selon ses caprices divers.
Tout l'effort de notre prudence,
Ne peut nous dérober au moindre de ses coups.
Paissez, moutons, paissez, sans regle & sans science,
Malgré la trompeuse apparence,
Vous êtes plus heureux & plus sages que nous.

De la Romance.

UNE romance est une sorte de poéfie propre à faire un récit historique détaillé de quelqu'événement tendre & intéressant; elle est ordinairement composée de grands & de petits vers entremêlés.

EXEMPLE.

N'est-il amour, sous ton empire,
    Que des rigueurs?
S'il faut prévoir, quand on soupire,
    Tous les malheurs,
Tes biens n'offrent qu'un vain délire,
    Aux tendres cœurs.

J'aimois une jeune bergere,
    Belle à ravir;

Cent rivaux, jaloux de lui plaire,
    Vinrent s'offrir.
Que d'efforts il me fallut faire;
    Pour les bannir!

J'obtins enfin, par ma conftance,
    Un tendre aveu;
Ce moment feul, lorfque j'y penfe,
    Combla mon feu:
Mais cette douce jouiffance
    Dura bien peu.

Un mal affreux pour une belle,
    Un jour la prend,
Dieux! m'écriai-je, fauvez celle
    Que j'aime tant;
Qu'elle vive laide & fidelle,
    Je fuis content.

Le mal, qui porte fon ravage
    Jufques au bout,
Changea les traits de fon vifage;
    Mais non mon goût.
Ah! la beauté n'eft qu'une image,
    Le cœur eft tout.

Après tant de maux & de larmes,
      J'étois en paix ;
Mais il falloit d'autres alarmes,
      Sentir les traits ;
Cruel amour, pour qui tes charmes,
      Sont-ils donc faits ?

Après dix mois de mariage,
      Instants trop courts !
Elle alloit me donner un gage,
      De nos amours,
La Parque cruelle & sauvage,
      Trancha ses jours.

Cette jeune & tendre bergere,
      Prête à mourir,
Me dit : ferme-moi la paupiere,
      Prends ce soupir ;
Garde, de ma flamme sincere,
      Le souvenir.

Oui, chaque jour, Dieu que j'atteste,
      Je m'en souvien :
Le souvenir cher & funeste,
      D'un doux lien,
Est le seul trésor qui me reste,
      C'est tout mon bien.

Vous, qui jamais l'amour ne bleffe,
        D'un trait vainqueur,
Le calme & la paix font fans cesse
        Dans votre cœur;
Mais hélas! vivre fans tendresse,
        Est-ce un bonheur?

De la Fable.

LA fable est une fiction ingénieuse, dont on fe fert pour faire fentir une vérité morale. Exemple.

FLORE ET L'ENFANT.

Un enfant, par hafard, entra dans un jardin,
Que Flore avoit orné de fleurs les plus brillantes:
Rofes, œillets, jonquilles, amaranthes,
Soudain vinrent s'offrir aux yeux de mon lutin.
        La beauté de ces fleurs le tente:
        Il voudroit les cueillir tout à la fois;
Mais Flore n'en laiffa qu'une à fon choix.
        Il cherche donc la plus brillante:
        Je veux dire la rofe, & fur elle foudain,
        Il fe mit à porter la main;
        Mais comme il la fentit bleffée
Par les traits dont la fleur fe trouvoit hériffée;
        Indigné de fa trahifon,
Va, péris, lui dit-il, fur ton trifte buiffon.

Je vais chercher une autre rose,
Qui, plus belle que toi, n'aura point d'aiguillons;
Il le fit, & fit bien; mais, à quoi bon?
Ce fut par-tout la même chose.
Voilà donc mon marmot, qui se met à pleurer,
De ce qu'il ne peut avoir ce qu'il désire.
De ses pleurs enfantins, Flore se mit à rire;
Cependant, pour le rassurer,
Elle lui dit : Mon fils, en vain tu te chagrines;
Tu ne pourras pas rencontrer
De roses qui soient sans épines.
Console-toi pourtant, & cesse de gémir:
Il ne tient qu'à toi de jouir,
De cette fleur qui fait l'objet de ton envie.
Arrache-moi les traits dont elle est investie.
Ensuite, sans danger, tu pourras la cueillir.

SENS MORAL.

A tout jeune Ecolier, je dis la même chose:
Votre étude, ainsi que la rose,
A ses épines, ses ennuis;
Surmontez – les avec courage,
Et puis vous aurez l'avantage
D'en cultiver sans peine, & les fleurs & les fruits.

FIN.

TABLE

TABLE

DES MATIERES,

EN forme de sommaire, néceſſaire pour la liaiſon des idées, qu'il eſt très-important de faire apprendre de mémoire, immédiatement après avoir appris ce qui précéde les conſonnes : un moyen très-efficace, ſeroit de la faire écrire ſous la diction, & même ſans modéle.

F f

PARTIES DU DISCOURS.

Ire. PARTIE DU DISCOURS.

Du Nom.

Du Genre

Du Nom en général.

III. PARTIE DU DISCOURS.

Du Pronom.

Pronoms perfonnels.

Pronoms relatifs.

V. PARTIE DU DISCOURS.

Des interjections.

VI. PARTIE DU DISCOURS.

Des prépositions.

VII. PARTIE DU DISCOURS.

Des Adverbes.

VIII. PARTIE DU DISCOURS.
Du Verbe.

IX. PARTIE DU DISCOURS.

Des Participes.

Des Phraſes & des Périodes.

Fin de la Table.

De l'Imprimerie de L. HOVIUS. 1788.

ERRATA.

Page 32, lig. 13 & 14, *& d'excès*, liſez, *& celui d'excès.*

Page 185, ligne 14, *Hanche*, liſez, *Hanche.*

Page 186, ligne première, *Harat*, liſez, *Haras.*

Page 225, ligne 6, *Chair*, liſez, *Chaire.*

Idem, ligne 12, *l'éloquence de la chair*, liſez, *de la chaire.*

Page 233, lig. 3 & 4, *ab-baiſſer*, liſez, *ab-baiſſer.*

Idem, lig. 10 & 11, *Ab-baiſſe*, liſez, *Ab-beſſe.*

Page 270, ligne 3, *Un mot eſt au ſens propre*, liſez, *eſt au ſens propre.*

Page 74, lignes 19 & 21, *quels*, lisez, *quelles*.

Page 102, lig. 18, *déclinable*; lisez, *indéclinable*.

Idem, lig. 19, *toute ingrate*, lisez, *tout ingrate*.

Page 205, lig. 13, *on ne peut*, lisez, *on peut?*

Page 207, lig. 2, *chérisse*, lisez, *chérissent*.

Idem, lig. 3 & 4, *méprise*, lisez, *méprisent*.

Page 266, lig. 4, *Marc-Antoine*, lisez, *Marc-Aurèle!*

Page 320, lig. 13, *soutiendra*, lisez, *soutiendront*.

PRIVILEGE GÉNÉRAL.

Louis, PAR LA GRACE DE DIEU, ROI DE FRANCE ET DE NAVARRE. A nos Amés & féaux Conseillers, les gens tenant nos Cours de Parlement, Maîtres des Requêtes ordinaires de notre Hôtel, Grand Conseil, Prévôt de Paris, Baillifs, Sénéchaux, leurs Lieutenants-Civils & autres, nos Justiciers, qu'il appartiendra : SALUT. *Notre Amé les Sieur BAUCHAINT, Maître de Mathématiques, à Saint-Malo*, Nous a fait exposer qu'il désireroit faire imprimer & donner au Public *les Principes de la Langue Françoise, rédigés d'après les plus célébres Grammairiens, à l'usage des Demoiselles.*

S'il nous plaisoit lui accorder nos lettres de Priviléges pour ce nécessaires : A CES CAUSES, voulant favorablement traiter l'Exposant, nous lui avons permis & permettons par ces présentes, de faire imprimer ledit ouvrage autant de fois que bon lui semblera, & de le vendre, faire vendre, & débiter par tout notre Royaume, Voulons qu'il jouisse de l'effet du présent Privilége, *pour lui & ses hoirs à perpetuité*, pourvu qu'il ne le rétrocede à personne; & si cependant il jugeoit à propos d'en faire une cession, l'acte qui la contiendra sera enregistré en la Chambre Syndicale de Paris, à peine de nullité, tant du Privilége que de la cession; & alors par le fait seul de la cession enregistrée, la durée du présent Privilége sera réduite à celle de la vie de l'Exposant, ou à celle de dix années, à compter de ce jour, si l'Exposant décede avant l'expiration desdites dix années, le tout conformément aux articles IV & V de l'Arrêt du Conseil du 30 août 1777, portant Réglement sur la durée des Priviléges en Librairie FAISONS défenses à tous Imprimeurs, Libraires & autres personnes de quelques qualité & condition qu'elles soient, d'en introduire d'impression étrangère dans aucun lieu de notre obéissance ; comme aussi d'imprimer ou faire imprimer, vendre, faire vendre, débiter ni contrefaire ledit ouvrage sous quelque prétexte que ce puisse être, sans la permission expresse & par écrit dudit Exposant, ou de celui qui le représentera, à peine de saisie & de confiscation des exemplaires contrefaits, de six mille livres d'amende qui ne pourra être modérée pour la premiere fois, de pareille amende & de déchéance d'état en cas de récidive, & de tous dépens, dommages & intérêts, conformément à l'Arrêt du Conseil du 30 août 1777, concernant les contrefaçons : A la Charge que ces Présentes seront enregistrées tout au long fur le Regiftre de là Communauté des Imprimeurs & Libraires de Paris, dans trois mois de la date d'icelles, que l'impreffion dudit ouvrage fera faite dans notre Royaume & non ailleurs, en beau papier & beaux caracteres, conformément aux Réglements de la Librairie, à peine de déchéance du préfent Privilege; qu'avant de l'expofer en vente, le manufcrit qui aura fervi de copie à l'impreffion dudit ouvrage, fera remis dans le même état où l'Approbation y aura été donnée, ès mains de notre très-cher & Féal Chevalier Garde-des-Sceaux de France le Sieur BARENTIN, qu'il en fera enfuite remis deux exemplaires dans notre Bibliothèque publique, un dans celle de notre Château du LOUVRE, un dans celle de notre très-cher & Féal Chevalier Chancelier de France le fieur de MAUPEOU, & un dans celle dudit fieur BARENTIN, le tout à peine de nullité des préfentes : du contenu defquelles vous MANDONS & en-joignons de faire jouir ledit Expofant & fes hoirs, pleinement & paifiblement, fans fouf-frir qu'il leur foit fait aucun trouble ou empéchement. Voulons que la copie des Préfentes, qui fera imprimée tout au long, au commencement ou à la fin dudit ouvrage, foit tenue pour duement fignifié, & qu'aux copies collationnées par l'un de nos Amés & Féaux Confeillers Secrétaires, foi foit ajouté comme à l'original. Commandons au premier notre huiffier ou fergent fur ce re-quis, de faire pour l'exécution d'icelle, tous actes requis & néceffaires, fans demander autre permiſſion, & nonobſtant clameur de haro, CHARTE NORMANDE, & Lettres à ce contraires : Car tel eſt notre plaiſir. Donné à Paris le dix - ſeptieme jour du mois de décembre, l'an de grace mil ſept cent quatre-vingt-huit. Et de notre Reigne le quinzieme.

PAR LE ROI EN SON CONSEIL.

LE BEGUE.

Regiſtré ſur le Regiſtre **XXIV** *de la Chambre Royale & Syndicale des Libraires & Imprimeurs de Paris, numéro* 1589, *fol.* 105, *conformément aux diſpoſitions énoncées dans le préſent Privilége, & à la Charge de remettre à ladite Chambre les neuf exemplaires preſcrits par l'Arrêt du Conſeil du* 16 *avril* 1785. *A Paris, le* 16 *janvier* 1789.

NYON, l'Ainé, Adjoint.

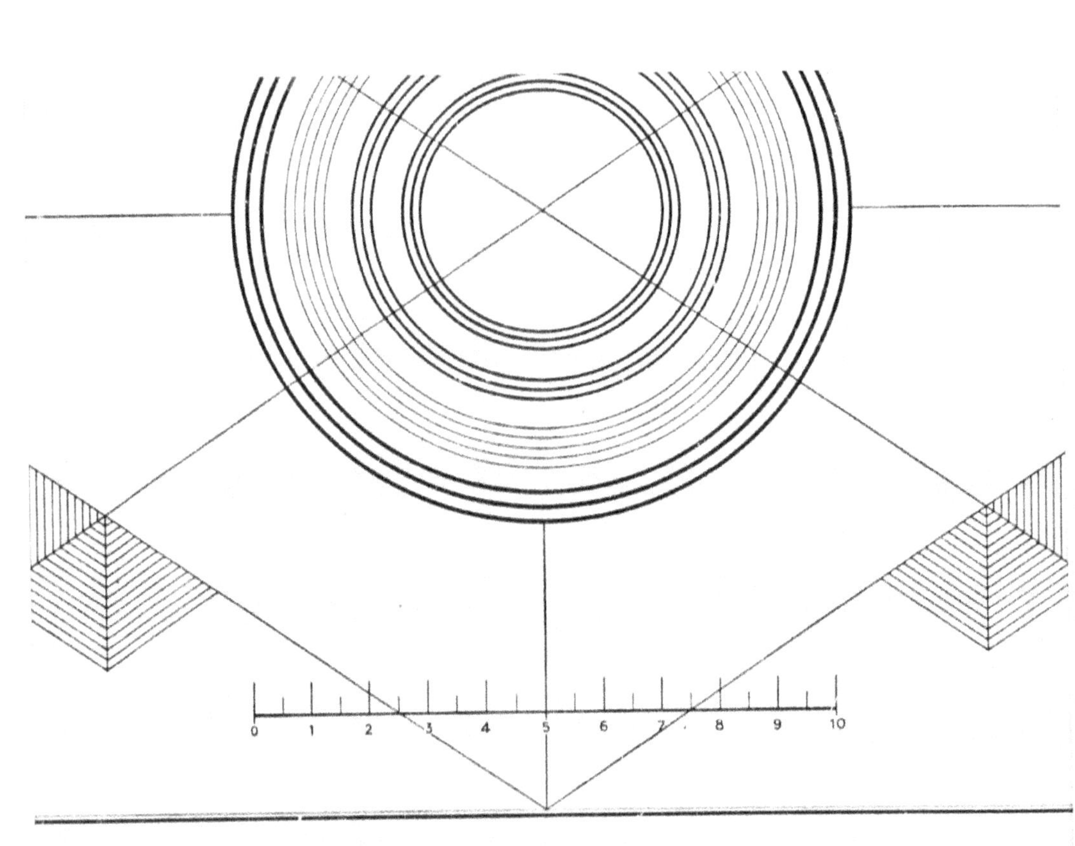

SERVICE   PHOTOGRAPHIQUE